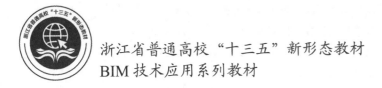
浙江省普通高校"十三五"新形态教材

BIM技术应用系列教材

桥梁 BIM 建模与应用

主　编　罗晓峰　甘静艳

副主编　周　剑　吴立斌

参　编　董晓马　戴俊辉　俞少寅

机 械 工 业 出 版 社

BIM 作为目前国内土木工程建设领域的一种应用技术，正受到越来越多人的关注。高等职业教育承担着为社会培养一线施工人才的重任，培养的学生要适合职业岗位的需求，因此，高职院校土木建筑及市政交通类专业开设桥梁 BIM 课程十分必要。

本书共 8 章，内容主要包括：绪论，Autodesk Revit 基础操作，创建基础、桥墩台，创建箱型梁桥，创建 T 型梁桥，创建拱桥，创建斜拉桥，创建悬索桥。为方便读者学习，本书还配有教学视频和相关实例源文件。

本书可作为高职高专院校土木建筑类、市政交通类相关专业课程的教材，也可供相关专业人员和自学者参考使用。

图书在版编目（CIP）数据

桥梁 BIM 建模与应用 / 罗晓峰，甘静艳主编 . —北京：机械工业出版社，2020.4（2022.7 重印）
BIM 技术应用系列教材
ISBN 978-7-111-65265-6

Ⅰ . ①桥… Ⅱ . ①罗… ②甘… Ⅲ . ①桥梁设计—计算机辅助设计—应用软件—教材 Ⅳ . ① U442.5-39

中国版本图书馆 CIP 数据核字（2020）第 056653 号

机械工业出版社（北京市百万庄大街 22 号　邮政编码 100037）
策划编辑：常金锋　覃密道　　责任编辑：常金锋　陈紫青　沈百琦
责任校对：梁　静　潘　蕊　　封面设计：马精明
责任印制：常天培
天津翔远印刷有限公司印刷

2022 年 7 月第 1 版第 5 次印刷
184mm×260mm · 14.25 印张 · 332 千字
标准书号：ISBN 978-7-111-65265-6
定价：45.00 元

电话服务　　　　　　　　　网络服务
客服电话：010-88361066　　机　工　官　网：www.cmpbook.com
　　　　　010-88379833　　机　工　官　博：weibo.com/cmp1952
　　　　　010-68326294　　金　书　网：www.golden-book.com
封底无防伪标均为盗版　机工教育服务网：www.cmpedu.com

前　言

　　建筑信息模型（Building Information Modeling，BIM）技术是建筑业数字化转型的关键技术，现已成为"十三五"建筑业重点推广的五大信息技术之首，其中以 Revit 为代表的 BIM 软件在国际上占主流地位。当前我国具备 BIM 技术应用能力的人才非常缺乏，大力培养适应行业未来发展需求的 BIM 技能人才是实现我国建筑产业信息化和工业化深度融合的基础和关键。高校作为人才培养的主阵地，贯彻落实国家有关推进 BIM 技术推广应用的方针政策，推动 1+X 证书制度建筑信息模型（BIM）试点项目工作，创新人才培养方案，优化课程设置，加快 BIM 教材的改革与创新势在必行。目前 BIM 技术在桥梁工程中的应用已经进入快速发展时期，但是与之相应的教材却未跟上其发展速度，因此编者结合 BIM 在桥梁工程中的应用编写了本书。

　　本书以 Autodesk Revit 软件为基础，从工程应用角度出发，以解决实际工程问题为目的，较为全面地介绍了 Revit 软件的基本概念、基础操作、绘图方法和五种桥梁类型的工程案例应用等，贴近国内工程和设计实践。本书可作为高职高专院校土木建筑及市政交通类相关专业 Autodesk Revit 课程的配套教材，也可作为相关专业技术人员和自学者的参考和学习用书。本书的主要特色有：

　　① 整体章节按照 BIM 工程师实际工作流程排列组织，遵循从桥梁下部结构到上部结构、从简单到复杂、从一般到特殊的逻辑顺序，使教学内容与岗位需求相吻合，具有很强的针对性和实用性，保证教学的工学融合、难易适度、详略得当。

　　② 图文并茂，力求以直观明了的方式呈现关键步骤中需要点击的命令和需要注意的事项。另外，随书附赠47个教学视频和相关实例源文件，内容与教材对应，方便读者学习，提高学习效率。

　　③ 本书还在各章的小节前面增加了"梦想从学习开始，事业从实践起步"栏目，强化对学生职业素养的培养，适应当前职业教育"知行合一　德技并修"的教学目标，体现了课程思政元素。

　　本书由浙江工业职业技术学院罗晓峰、甘静艳担任主编并统稿，由浙江工业职业技术学院周剑、吴立斌担任副主编。杭州市市政工程集团有限公司俞少寅提供技术指导。具体编写分工为：第 1 章由罗晓峰编写；第 2、4 章由罗晓峰、周剑共同编写；第 3 章由罗晓峰、甘静艳共同编写；第 5 章由吴立斌编写；第 6 章由董晓马编写；第 7 章由戴俊辉编写；第 8 章由俞少寅编写。本书的教学视频由各章编写人员录制并编辑。

　　最后，感谢读者选择了本书，希望作者的努力对读者的学习和工作有所帮助，也希望专家、教师和广大读者把对本书的意见和建议告知编者。

　　由于编者水平和经验有限，书中难免有疏漏与不足之处，敬请读者批评指正。

编　者

目　录

第 1 章 绪论

知识目标

1. 了解 BIM 基本概念。
2. 掌握 BIM 的特点。
3. 了解 BlM 技术应用及存在的问题。

能力目标

1. 能够根据项目需求选用合适的软件。
2. 学会配置 BIM 软件。

学习 BIM 技术的相关知识，请扫描以下二维码：

视频 1-1　BIM 的概念

知识导引

近年来，BIM 作为一种新技术，在我国建筑行业中广泛应用并取得了一定的成效。随着桥梁的构造日益复杂、新颖，桥梁在设计及施工阶段极易出现一系列问题，而利用 BIM 技术可创造性地建立具有完整工程信息的三维模型，解决桥梁工程中出现的问题。与传统施工方法相比，BIM 为桥梁工程带来了极大的便利。

什么是 BIM 呢？尽管业内人士普遍认同行业分析家 Jerry Laiserin 发表于 2002 年 12 月 16 日的文章 "Comparing Pommes and Naranjas" 是 BIM 作为一个专门术语被工程建设行业广泛使用的开始，但其实类似技术的研究可以追溯到 20 世纪 70 年代，BIM 这个名词本身的出现也是一个同行之间不断讨论和碰撞的结果，并不属于某一个人的创造。

1.1 BIM 技术概述

1.1.1 BIM 的概念

BIM 是英文 Building Information Modeling 的缩写，中文最常见的叫法是"建筑信息模型"。建筑信息模型包括三维地质、三维设计、三维分析、三维图纸、数字化交付、数字化管理、数字化施工、数字化运维、拆除、改建等，如图 1-1 所示。

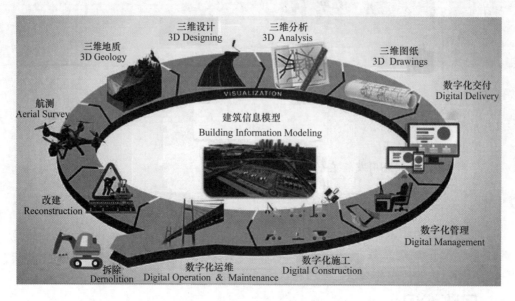

图 1-1　建筑信息模型（BIM）

BIM 的定义有多种版本，其中 McGraw Hill（麦克格劳·希尔）在 2009 年名为 "The Business Value of BIM"（BIM 的商业价值）的市场调研报告中对 BIM 的定义是："BIM 是利用数字模型对项目进行设计、施工和运营的过程"。

在实际工程应用的层面，从不同的角度对 BIM 会有不同的解读：

1）应用到一个项目中，BIM 代表信息的管理，信息被项目所有参与方提供和共享，确保正确的人在正确的时间得到正确的信息。

2）对于项目参与方，BIM 代表一种项目交付的协同过程，定义各个团队如何工作，多少团队需要一起工作，如何共同去设计、建造和运营项目。

3）对于设计方，BIM 代表集成化设计，鼓励创新，优化技术方案，提供更多的反馈，提高团队水平。

总的来说，BIM 技术是一种提高管理效率的技术，是对建筑物实体与功能特性的数字表达形式，通过数字信息仿真模拟建筑物所具有的真实信息。建设项目的各参与方可以通过模型在项目全生命周期中获取各自所需的管理信息，并且可以更新、插入、提取、共享项目各项数据，从而实现协同管理，提高项目管理的效率。简单地说，BIM 就是工程项目管理中使用的一种信息化管理技术。

\\ 想一想

在一个建设项目的生命周期内，我们不仅不缺信息，甚至也不缺数字形式的信息，真正缺少的是什么？

1.1.2 BIM 的特性

1. 可视化

可视化即"所见即所得"的形式,如图 1-2 所示。对于建筑行业来说,可视化真正运用在建筑业中的作用是非常大的。例如,经常拿到的施工图纸,只是各个构件的信息在图纸上采用线条绘制表达,但是其真正的构造形式就需要工程参与人员去自行想象了。然而每个人的思维方式是不一样的,容易产生不同的理解方案。但是如果各个构件的信息通过立体的图形或者三维设计来展现,就能快速地理解工程所需的效果。BIM 提供了可视化的思路,将线条式的构件形成三维的立体实物图形展示在人们的面前。建筑效果图是由专业的效果图制作团队识读、设计、模拟出来的,并不是通过构件的信息自动生成的,缺少了同构件之间的互动性和反馈性,然而 BIM 提到的可视化是一种能够同构件之间形成互动性和反馈性的可视,在 BIM 建筑信息模型中,由于整个过程都是可视化的,因此它不仅可以用来展示效果图及生成报表,更重要的是,项目设计、建造、运营过程中的沟通、讨论、决策都可在可视化的状态下进行。

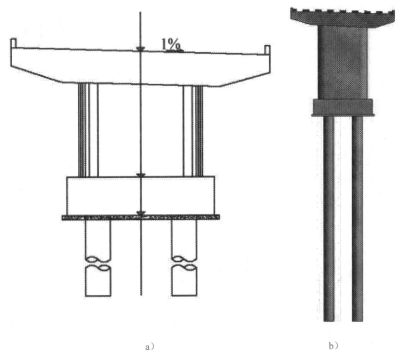

a) b)

图 1-2 墩台二维图纸与 BIM 模型

a) 墩台二维图纸 b) 墩台 BIM 模型

\\ 想一想

传统 CAD 与 BIM 的区别有哪些?

2. 协调性

工程中的重点内容，不管是施工单位，还是业主及设计单位，无不在做着协调及配合的工作。一旦项目在实施过程中遇到了问题，就要将各有关专业人员组织起来开会，找出各种施工问题发生的原因及其解决办法，然后采取相应补救措施等解决问题。传统的设计，往往会由于各专业设计师之间的沟通不到位，而出现各种专业之间的碰撞问题，例如暖通等专业中的管道在布置时，发现此处正好有结构设计的梁等构件，妨碍管线的布置，BIM的协调性服务可以处理这种问题，如图 1-3 所示，即 BIM 建筑信息模型可在建筑物建造前期对各专业的碰撞问题进行协调，生成协调数据及时提出解决方案。当然，BIM 的协调作用并不仅仅用于解决各专业间的碰撞问题，还可以解决其他问题，例如，电梯井布置与其他设计布置及净空要求之间的协调，防火分区与其他设计布置之间的协调，地下排水布置与其他设计布置之间的协调等。

序号	直径	长度	数量	总长	总重
5	10	1536	121	185.86	114.7
6	10	15100	19	286.9	177.0
7	10	2200	28	61.6	38.0
8	10	183	121	22.14	13.66

a)

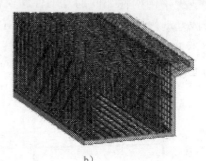

b)

图 1-3　设计校核

a）材料统计错误　b）对应的纠错 BIM 模型

3. 模拟性

模拟性不只是模拟设计的建筑物模型，还可以模拟在真实世界中不能进行操作的事物。通过"设计—分析—模拟"一体化动态表达建筑物的实际状态，设计一旦变化，则需要对变化以后的设计进行不同专业的分析研究，同时把分析结果模拟出来，供业主对此进行决策。在设计阶段，BIM 系统可以将模拟融合到建筑设计的过程中，比如交通路况、桥梁建筑主体承重模拟等；在招标投标和施工阶段可以进行 4D 模拟（三维模型加项目的发展时间），也就是根据施工的组织设计模拟实际施工，从而确定合理的施工方案以指导施工，如图 1-4 所示。同时，基于 3D 模型的造价控制还可以进行 5D 模拟，从而实现成本控制；后期运营阶段可以进行日常紧急情况的处理方式模拟，例如地震时人员逃生模拟及消防人员疏散模拟等。目前基于 BIM 的模拟有以下几类：

1）设计阶段：日照模拟、视线模拟、节能（绿色建筑）模拟、紧急疏散模拟、CFD模拟等。

2）招标投标和施工阶段：4D 模拟（包括基于施工计划的宏观 4D 模拟和基于可建造性的微观 4D 模拟）、5D 模拟（与施工计划匹配的投资流动模拟）等。

3）销售运营阶段：基于 Web 的互动场景模拟，基于实际建筑物所有系统的培训和演练模拟（包括日常操作、紧急情况处置）等。

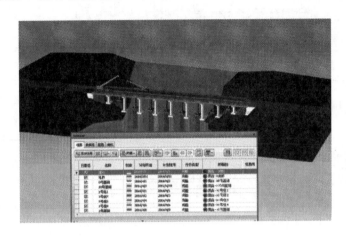

图 1-4 某工程 4D 施工模拟

4．优化性

在实际项目中，所有的处理过程都不可能是一次性处理到位的，整个设计、施工、运营的过程都是一个不断优化的过程。优化受三个因素的制约：信息、复杂程度和时间。没有准确的信息做不出合理的优化结果，BIM 模型提供了建筑物实际存在的信息，包括几何信息、物理信息、规则信息，还提供了建筑物变化以后的实际存在。当工程复杂到一定程度时，依靠参与人员本身的能力无法掌握所有的信息，必须借助一定的科学技术和设备的帮助。现代建筑物的复杂程度大多超过参与人员本身的能力极限，BIM 及其配套的各种优化工具提供了对复杂项目进行优化的可能。基于 BIM 的优化主要从以下方面进行：

1）项目方案优化：把项目设计和投资回报分析结合起来，设计变化对投资回报的影响可以实时计算出来，这样业主对设计方案的选择就不会只停留在对形状的评价上，而是可以更多地知道哪种项目设计方案更能满足自身的需求。

2）特殊项目的设计优化：例如裙楼、幕墙、屋顶、大空间大部分属于异型设计，虽然占整个建筑的比例不大，但是占投资和工作量的比例较大，并且是施工难度比较大和施工问题比较多的地方，对这些部分的设计施工方案进行优化，可以带来显著的工期和造价改进。

5．可出图性

BIM 系统能够在原有的建筑设计图纸或者加工图纸的基础上完成更精细的设计预览图片，对整个建筑提供可视化的功能，可以对建筑内部的各个部分进行展示、模拟并形成预览图纸。图 1-5 为以某公路项目中的一段桥梁为例，通过三维 BIM 模型，直接生成的二维图纸以及材料统计清单。

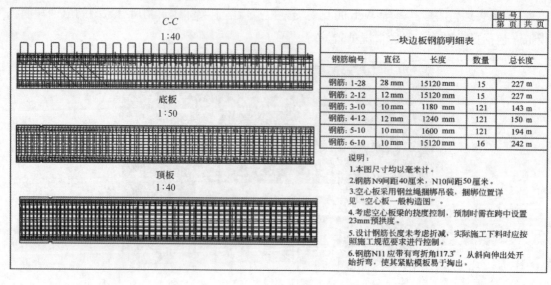

图 1-5　某工程图纸模板出图

知识拓展

　　BIM 作为工程建设行业的新技术，它的应用涉及不同应用对象、不同专业、项目不同阶段。BIM 软件包括建模软件、方案设计软件、机电分析软件、结构分析软件、深化设计软件、模型综合碰撞检查软件、运维管理软件等。目前常用的 BIM 建模软件主要有以下四个体系：Autodesk、Bentley、Nemetschek、Dassault。

　　BIM 基于三维的工作方式，对硬件的计算能力和图形处理能力提出了很高的要求。对于最基本的项目建模来说，BIM 建模软件与传统的二维 CAD 软件相比，在计算机配置方面，需要着重考虑 CPU、内存和显卡等的配置。

　　1）CPU：即中央处理器，是计算机的核心，推荐拥有二级或三级高速缓冲存储器（Cache）的 CPU。采用 64 位 CPU 和 64 位操作系统对提升运行速度有一定作用，大部分软件目前也都推出了 64 位版本。多核操作系统可以提高 CPU 的运行效率，在同时运行多个程序时速度更快，即使软件本身并不支持多线程工作，采用多核也能在一定程度上优化其工作表现。

　　2）内存：是与 CPU 沟通的桥梁，关系到计算机的运行速度。项目越大越复杂，占用内存越大，一般所需内存最小应是项目文件大小的 20 倍。由于目前大部分应用 BIM 的项目都比较大，一般推荐采用 4G 或 4G 以上的内存。

　　3）显卡：对模型表现和图形处理来说很重要，越高端的显卡，三维效果越逼真，图面切换越流畅。应避免集成式显卡，集成式显卡要占用系统内存来运行，而独立显卡有自己的显存，显示效果和运行性能也更好。一般显存容量不应小于 1G。

　　4）硬盘：硬盘的转速对系统速度也有影响，一般来说是硬盘转速越快越好，但相对于前面三个因素来说，其对软件工作表现的提升作用不明显。各个软件的厂商都会有推荐的硬件配置要求，但从 BIM 应用的角度出发，需要考虑的不仅仅是单个软件产品的配置要求，还需考虑项目的大小、复杂程度、BIM 的应用目标、团队应用程度、工作方式等。

对于一个项目团队，可以根据每个成员的工作内容，配备不同的硬件，形成阶梯式配置。比如，单专业的建模可以考虑较低的配置，而对于多专业模型的整合就需要较高的配置，某些大量数据的模拟分析所需的配置可能就会更高。若采用网络协同工作模式，则还需设置中央存储服务器。

1.2 BIM 在桥梁工程中的应用

知识导引

美国、英国、日本、韩国、澳大利亚、新加坡等国家，已经将推动 BIM 技术的应用提升到国家层面，为 BIM 技术的推广应用确立了明确的时间表，并且建立了比较成熟的 BIM 标准及相关制度。2013—2016 年，美国工程建设行业承包商 BIM 技术应用比例从 55% 增长到 79%，澳大利亚从 33% 增长到 71%，英国从 23% 增长到 52%。BIM 技术被国际工程界公认为建筑业生产力革命性技术。

BIM 技术在我国也受到广泛重视，政府和行业的主管部门针对 BIM 技术的应用和推广，做了积极的推动和引导。2011 年 5 月，我国住建部发布了《2011—2015 年建筑业信息化发展纲要》。2012 年 1 月，住建部"关于印发 2012 年工程建设标准规范制定修订计划的通知"宣告了中国 BIM 标准制定工作的正式启动，在"十一五"国家科技支撑计划、"十二五"信息化发展纲要中都强调了 BIM 技术的推广应用。一些大学和科研院所在 BIM 的研究方面也做了很多探索，如清华大学通过研究，参考 NBIMS，提出了中国建筑信息模型标准框架（CBIMS）。随着建筑行业对 BIM 技术的重视，BIM 人才的需求逐渐旺盛，部分院校开始培养 BIM 方向工程硕士。相关部门也频频举办全国性的 BIM 大赛。最早在国内开展 BIM 技术试验研究的是西北工业大学电子工程系的西安虚拟现实工程技术研究中心，该中心的成立对学校电子信息工程学院等其他院系和研究所在虚拟现实、虚拟仿真、虚拟制造方面具有积极性的影响。近年来，国家要求大型的复杂建设项目必须采用 BIM 技术，这将有利于 BIM 技术在建筑行业的发展。

目前上海市是 BIM 技术推广和发展的最好城市之一，同时上海市也推出和实施了地区行业标准，成为 BIM 技术在国内工程领域的发展和推广的探路者，并取得了较大的成果和效益。

1.2.1 BIM 技术在桥梁工程方案论证阶段的应用

在建筑项目实施之前，相关人员需要对施工方案展开细致的研究、论证和项目立项，但是这个过程非常复杂，需要从多个方面验证桥梁工程建设的可行性和必要性，比如规模、设计方案、技术标准等，在这一系列工作没有问题的基础上才能展开项目立项工作。在桥梁工程方案论证阶段，通过运用 BIM 技术可以形成三维信息化模型，这将方便对工程项目实施的必要性做进一步的检测。在这个模型中能够看到许多重要信息，比如桥梁工程周围的地理信息，具体包括施工当地的政治、民俗风情以及人口数量等社会信息。除此之外，还可以在这个模型中看到当地的交通运输网方面的信息。在桥梁工程中运用 BIM 技术模型能够实现对功能的定位，运用计算和模拟预测桥梁通行状况、通行量，综合分析工程项目的建设必要，模型可运算、参数化功能比较强，促使评估结果变得更为准确、科学。

1.2.2　BIM 技术在桥梁工程设计阶段的应用

设计阶段对节约投资、控制工程进度和质量等起着关键性的作用。在传统设计方式下，各专业设计人员分散工作导致各专业工程之间容易产生不协调或碰撞，到施工过程中才发现问题，从而导致设计变更，增加成本。

BIM 技术提倡的是协同工作，设计人员基于同一个平台进行信息共享和交流，改变了传统的设计模式，通过软件的自动碰撞检查不仅提升了工作效率，而且使得大量的冲突问题在施工前就得以解决，大大地降低了设计变更的数量，从而减少了工程造价。如布里格里格河谷斜拉桥位于摩洛哥境内拉巴特绕城高速公路上，主桥为叠合梁斜拉桥，采用空间双曲线的混凝土桥塔，在立面上呈梭形。塔柱在顺桥向和横桥向均分离，各肢柱在下塔柱通过混凝土裙板连在一起，塔柱中部设计预应力混凝土横梁，使塔柱与桥面板在该部位固结。项目建设初期建立了全桥地貌的三维模型，设计院采用 Inventor 绘制了精确的结构图，导入 AutoCAD 中进行二维钢筋图绘制，并开发了生成三维钢筋笼的插件，用于检查钢筋碰撞问题，提高了施工的效率。设计方建立了钢锚箱的三维 BIM 模型，利用 BIM 模型直接出图，大大提高了工作效率。

相关专家学者深入分析了 BIM 应用于桥梁设计时在可视化、参数化设计、智能化设计、自动化制图和协同工作等诸多方面的价值，表明 BIM 在桥梁设计中的应用不仅能显著提高设计效率和质量，更有利于优化和再造桥梁设计乃至全生命周期管理的流程，可极大地提升桥梁工程的建设与管理水平。

BIM 技术根据工程实际信息建立的三维模型，使整个桥梁工程可视化水平高，通过模型、动画、漫游等方式可以直观地将设计理念传递给业主，便于业主方理解和决策。通过分析 BIM 技术在实际工程设计阶段的应用（图 1-6），得出 BIM 技术可以大幅度改善业主与设计方的沟通效率，从而为优化设计和建设阶段的工作奠定良好的基础。

图 1-6　桥梁及两侧公路 BIM 模型

1.2.3　BIM 技术在桥梁工程施工阶段的应用

1. 可视化技术交底

施工阶段技术人员通常以图纸和规范进行技术交底，可视化程度低，交底时施工人员易产生理解错误而导致施工材料浪费或施工进度拖延。研究发现，利用 BIM 模型向施工单位进行技术交底，能够通过 BIM 模型的可视化和信息性向施工人员详细介绍设计思路，对施工危险、施工难度大的地方进行协调修正，避免实际施工工艺与施工图纸产生分歧的情况，从而避免施工浪费与质量不达标的问题。

2. 施工模拟与施工工序的优化

与普通建筑工程相比，桥梁工程的施工环境多变，对施工方案要求高，因环境等客观情况导致的不可预测因素较多，难以保证施工方案的可行性。基于 BIM 技术可以进行桥梁工程的施工模拟，即施工前根据施工方案将 BIM 模型进行切分，定义 BIM 模型的时间、位置、资源需求等参数，在计算机中模拟桥梁建造过程。用这种方法，将施工时间作为单位，对施工进行模拟，同目前施工现场的环境相结合，及时调整工程情况，从而对不同的施工方案进行调整。应用 BIM 技术进行生动、直观的过程模拟，可以对桥梁的复杂工序进行细化分析，进而对施工工序进行优化，如图 1-7 所示，施工人员可以有效分析复杂结构的施工工序是否合理、预制构件的吊装程序是否合理。

卡塔尔多哈大桥建立了桥梁 BIM 精细化模型，通过数字化仿真模拟计算，进行了基于 BIM 技术的安装施工、穿筋施工、落位施工及预应力张拉施工仿真模拟。BIM 技术的应用大大提高了桥梁结构的施工效率，节约了时间和成本，实现了桥梁工程中的信息化管理。

我国的兰州中心滩黄河大桥位于兰州市城关区，大桥采用中承式钢箱系杆拱结构。在施工准备阶段，根据 BIM 模型创建产品信息库，方便了建筑材料的质量管理，通过将三维激光扫描和 BIM 相结合，实现了大桥拱肋线形控制。在桥梁重点部位、隐蔽部位、结构主要节点进行动态演示、虚拟施工，减少质量隐患。在桥梁的钢梁施工过程中，检测方将检测数据实时录入 BIM 模型数据库中，项目各参与方可以随时查询检测数据，实现共享检测的目的。

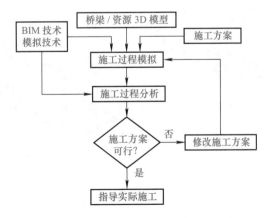

图 1-7　基于 BIM 的桥梁工程施工优化流程

3. 施工管理优化

传统管理思想是一种被动管理，即等待问题发生后再采取相应措施，而基于上述可视化技术交底和施工模拟，项目管理人员可以提前发现工程中出现的问题并及时解决，做到事前管理，提高管理效率和管理水平。图 1-8 和图 1-9 为襄阳汉江三桥工程实例，它将 BIM 技术应用于工程项目的施工管理、成本控制，采用 Revit 软件和 Tekla 软件创建三维模型，导入 Navisworks 软件中进行整合、分享和审阅，实现了设计图纸交底、技术方案优化、机械设备协同和物资材料管控。除此之外，在三维模型加时间维度的 4D 模型基础上，与成本相结合创建 5D 模型，实现了包括物料、施工进度、资金流量等方面的施工阶段动态管理。

图 1-8　襄阳汉江三桥主桥建筑模型

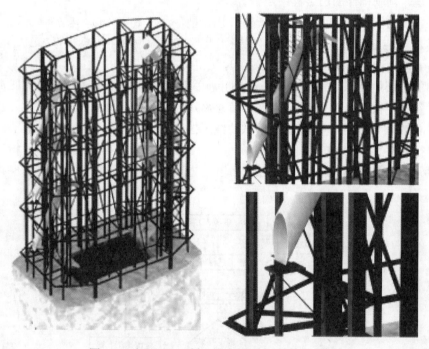

图 1-9　襄阳汉江三桥主塔索导管安装模型示意

我国的沪通长江大桥，主跨 1092m，该桥研发了 BIM 管理系统。BIM 管理系统主要面向设计、施工和制造单位，结合 GIS 实现了精细化 BIM 建模、可视化交底、图纸管理、施工计划编制、三维施工日志、进度分析、工程量统计、施工监控、钢桥制造信息化等功能，并应用在项目管理中，在大跨度桥梁全生命周期的 BIM 研究与应用上进行了有益探索。

1.2.4　BIM 技术在桥梁工程运维阶段的应用

桥梁工程的运维阶段在桥梁工程全生命周期中是耗时最长、信息量和管理工作量最大的一个阶段，这一阶段的时间远远超出建设阶段的时间。该阶段的成本大约占建设项目全寿命周期的 55% ～ 75%。因此有效控制和管理该阶段显得十分重要。

桥梁工程结构体量大，施工环境多变，而在运维阶段，所需的信息量更大，参与的人员更广。在传统桥梁工程中，由于不同阶段涉及专业众多，在信息的建立与传递过程中容易造成数据丢失，对后期桥梁的运营维护造成较大的困难。通过构建基于 BIM 技术的协同工作平台，结合计算机云技术等网络技术，可实时将桥梁运营信息以共享的方式传递到各个参建方和相关管理部门，让各方及时获取相应信息并制定决策。

桥梁养护作为后期运维的重点之一，一直以来受经济和技术条件限制，存在"重建轻养"的现象，而 BIM 技术的到来一定程度上解决了技术上的问题。

1.3　BIM 技术存在的问题

与房屋建筑工程领域相比，BIM 技术在桥梁工程中的研究应用尚处于起步阶段。目前鲜有较完整的应用案例，多数研究仅集中于 BIM 技术在桥梁设计阶段和施工模拟中的应用，而 BIM 技术在桥梁后期监测和维护中的应用尚存在很大的研究空间。设计阶段 BIM 应用的核心是模型建立，而目前桥梁工程方面的软件针对性不强，建模效率较低。除此之外，目前企业中缺乏具有相应能力的专业 BIM 团队，缺乏统一的执行标准，将 BIM 理论运用到实际工程中还存在较大距离。今后在桥梁工程等大型基础设施工程的软件开发方面应进行更加深入的研究，同时也应加强技术人才的培养。

我国的桥梁 BIM 应用虽然刚刚起步，但发展速度快，许多企业有了非常强烈的 BIM 应用的意识，出现了一批 BIM 应用的标杆项目，BIM 的发展也逐渐得到了政府的大力推动。在国家政策的指导下，随着研究力度和深度的加大，BIM 技术将会在桥梁工程全寿命周期中体现更大的价值。

梦想从学习开始，事业从实践起步

2020 年新型冠状病毒肆虐全球，位于我国武汉市的火神山、雷神山医院在"BIM+装配式"技术的推动下，在数以万计的"云监工"的在线督战下，分别只用 10 天左右的时间双双落成，创造了世界奇迹。在约 10 天的建造期内，工程建设者们利用 BIM 技术的三大关键优势点：项目精细化管理、仿真模拟优化、参数化设计及可视化管控，将总体规划及所有的参与人员、建筑材料、建筑机械和其他方面的信息标签全部纳入 BIM 模型中，并提前进行场地布置及各种设施的模拟，从而确定最优的建设方案。参数化设计、构件化生产、装配化施工、数字化运维，使项目的全生命周期都处于数字化管控之下，从而达到了缩短工期、提高质量、降低成本的目的。脱离"人海"的爱国方式，适应工业化和信息化的需要，以高标准、高质量、高效率的"三高"要求推进项目建设，打造样板工程，提升工程的整体效益。

火神山、雷神山医院的中国速度，是一个个朴实善良的工程人最美逆行的真实写照，他们不畏艰险、冲锋在前，体现了我国当代工程建设者的责任与担当，用实际行动诠释着"工匠精神"的内涵和"爱国主义"的真谛。

小　结

通过本章的学习，初步认识了 BIM，加深理解了 BIM 的基本概念、特点、软硬件要求，充分认识了 BIM 的发展趋势及其价值所在；学会根据项目和团队的需求配置适合的BIM 软件，满足实际工程的需求。

习　题

1. 以下（　　）是英文 Building Information Modeling 的缩写。
   A．BIM　　　　　　B．CAD　　　　　　C．UNO　　　　　　D．GNG
2. BIM 是利用数字模型对项目进行（　　）的过程。
   A．设计　　　　　　　　　　　　B．运营
   C．设计、施工和运营　　　　　　D．施工
3. BIM 的含义可以进行如下（　　）层面的解释。
   A．一个设施（建设项目）物理和功能特性的数字表达
   B．一个共享的知识资源
   C．一个分享有关这个设施的信息，为该设施从概念开始的全生命周期的所有决策提供可靠依据的过程
   D．在项目不同阶段，不同利益相关方通过在 BIM 中插入、提取、更新和修改信息以支持和反映其各自职责的协同作业
4. 对于（　　），BIM 代表着集成化设计，鼓励创新，优化技术方案，提供更多的反馈，提高团队水平。
   A．设计方　　　　　　　　　　　B．运营方
   C．设计方、施工方和运营方　　　D．施工方
5. BIM 的特点包含（　　）。
   A．可视化、可出图性　　　　　　B．协调性
   C．模拟性　　　　　　　　　　　D．优化性
6. 目前基于 BIM 的模拟包括（　　）。
   A．设计阶段　　　B．招标投标阶段　　C．施工阶段　　　D．销售运营阶段
7. 对软件工作表现的提升作用不明显的是（　　）。
   A．CPU　　　　　　B．内存　　　　　　C．显卡　　　　　　D．硬盘

8. 处于中心位置的（　　），英文通常叫"BIM Authoring Software"，负责创建 BIM 结构化信息，提供 BIM 应用的基础。

    A．造价管理软件   B．结构分析软件

    C．BIM 核心建模软件   D．可视化软件

9. 与工程建设行业的项目特点和人员特点对接不足的是（　　）。

    A．Autodesk   B．Bentley

    C．Dassault   D．Nemetschek

10. 常用的 BIM 建模软件主要包括（　　）体系。

    A．Autodesk   B．Bentley

    C．Dassault   D．Nemetschek

11. 主要工作任务为碰撞检测的软件是（　　）。

    A．Autodesk   B．Revit

    C．Autodesk Navisworks   D．AutoCAD

12. 主要工作任务不是结构分析的软件是（　　）。

    A．MIDAS   B．AutoCAD   C．ANSYS   D．PKPM

13. 主要工作任务不是三维建模的软件是（　　）。

    A．AutoCAD   B．Revit   C．Bently   D．CATIA

14. 主要工作任务不是造价管理的软件是（　　）。

    A．鲁班   B．广联达   C．斯维尔   D．探索者

15. 最早在国内开展 BIM 技术试验研究的是（　　）电子工程系的虚拟现实工程技术研究中心。

    A．北京大学   B．西北工业大学   C．清华大学   D．同济大学

16. （　　）即中央处理器，是计算机的核心。

    A．CPU   B．内存   C．显卡   D．硬盘

17. 一般显卡显存容量不应小于（　　）。

    A．1G   B．2G   C．3G   D．4G

18. 由于目前大部分用 BIM 的项目都比较大，一般推荐采用（　　）内存。

    A．1G   B．2G   C．3G   D．4G 或 4G 以上

19. （　　）年 1 月，住建部"关于印发工程建设标准规范制定修订计划的通知"宣告了中国 BIM 标准制定工作的正式启动。

    A．2010   B．2012   C．2014   D．2016

20. 桥梁工程的（　　）阶段在桥梁工程全生命周期中是耗时最长、信息量和管理工作量最大的一个阶段。

    A．设计   B．施工   C．竣工   D．运营

第**2**章 Autodesk Revit 基础操作

知识目标

1. 熟悉用户界面、工作界面的属性，项目浏览器，视图控制栏等。
2. 掌握项目的创建方法，标高和轴网、工作平面的设置。
3. 熟练应用多边形、圆、圆弧、椭圆、拾取线等基本绘图命令和修改工具。

能力目标

1. 能够创建、打开并保存项目文件、族文件。
2. 学会建立标高和轴网。
3. 能够进行简单图元的绘制和修改。

详细的操作过程视频，请扫描以下二维码：

视频 2-1　认识 Revit 用户界面　　　　视频 2-2　创建 Revit 项目　　视频 2-3　运用标高和轴网、工作平面

视频 2-4　基本绘图工具及应用　　视频 2-5　常用修改工具及应用

知识导引

　　Revit 软件是 Autodesk 专为建筑信息模型设计的解决方案——运用建筑信息模型，可以为建筑项目创建和使用协调一致的、可靠的可用于计算的信息。

　　Revit 软件的核心是功能强大的参数化变更引擎，它能在设计、制图和分析中自动协调所有的设计变更。

　　Revit 产品可以在一个集成的数字化环境中保持信息的协调一致、及时更新、易于访问，从而使得建筑师、工程师、施工人员和业主可以全面透彻地了解项目，并帮助他们更快更好决策。Revit 的功能如图 2-1 所示。

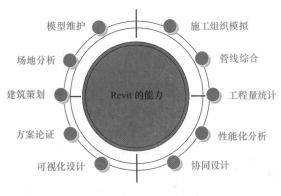

图 2-1　Revit 的功能

\\ 想一想

Revit 有哪些技术可以运用到桥梁工程建设当中？

2.1 认识 Revit 用户界面

2.1.1 界面启动

根据 Autodesk Revit 要求，安装完软件后将自动在桌面生成一个快捷方式 R 图标。执行下列操作可打开如图 2-2 所示的软件用户界面。

➢ 双击桌面快捷图标。

➢ 在操作系统中单击"开始"→"程序"中的 Autodesk Revit 2018 选项。

➢ 找到软件安装位置的 Revit.exe 可执行文件，双击打开。

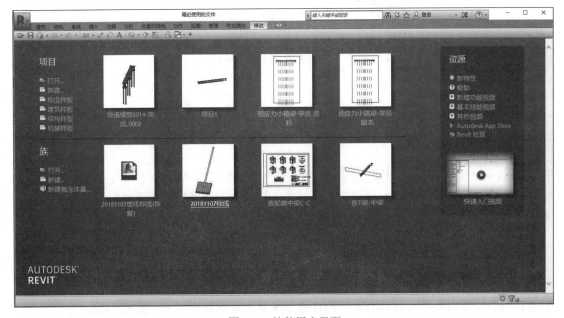

图 2-2　软件用户界面

2.1.2 用户界面的组成部分

Revit 2018 的用户界面主要由应用程序菜单、功能区上的选项卡、项目、族、资源等组成。

1. 应用程序菜单

应用程序菜单提供对常用文件操作的访问，例如"新建""打开"和"保存"，还允许用户使用更高级的工具（如"导出"和"发布"）管理文件。

单击 **R** 图标可打开应用程序菜单，如图 2-3 所示。

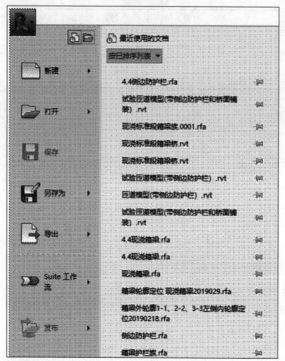

图 2-3　应用程序菜单

应用程序菜单可以新建、打开、保存各类项目、族文件。

2. 功能区上的选项卡

提供创建项目或族所需的全部工具。创建或打开文件时，建筑、结构、系统、插入、注释、分析、体量和场地、协作、视图、管理、修改等功能区会显示。

3. 项目

Revit 的设计模型、视图及信息都被存储在一个后缀名为".rvt"的项目文件中。

项目文件包括设计所需的全部信息，例如，构造物的三维模型、平立剖面及节点视图、各种明细表、施工图纸，以及其他相关信息。Revit 会自动关联项目中的所有设计信息。

4. 族

族是组成项目的构件，同时也是参数信息的载体。Revit 中的所有图元都是基于族的，族是 Revit 中使用的一个功能强大的概念，每个族图元能够在其内定义多种类型，根据族创建者的设计，每种类型可以具有不同的尺寸、形状、材质设置或其他参数变量。

Revit 软件中有 3 种类型的族：系统族、可载入族和内建族。在项目中创建的大多数图元都是系统族或可载入族。可以将可载入族进行组合，来创建嵌套族和共享族。

桥梁工程中多采用外部可载入族（如基础、墩台、梁等）进行建模。

5. 资源

由 Revit 提供的帮助、功能和技能视频、社区讨论等外部信息资源。

2.2　创建 Revit 项目

2.2.1　新建 Revit 项目文件

创建 Revit 项目可采用如下方法：

➢　在图 2-2 界面的"项目"位置处选择
"新建"。

➢　单击 **R** →"新建"→"项目"。

"新建项目"对话框如图 2-4 所示。

图 2-4　新建项目

1. 项目

能够开始一个新的项目，需要对项目进行
各项设置。

2. 项目样板

为新项目提供了起点，包括视图样板、已载入的族、已定义的设置（如单位、填充样式、
线样式、线宽、视图比例等）和几何图形。安装后，Revit 中提供了若干样板，用于不同规
程的建筑项目类型。也可以创建自定义样板以满足特定的需要，或确保遵守相关标准。

企业、行业制定内部标准时通常选择创建项目样板。在桥梁项目中，考虑到桥梁结构
的特殊性，通常选择使用"构造样板"，然后选中"项目"，单击"确定"后如图 2-5 所示。

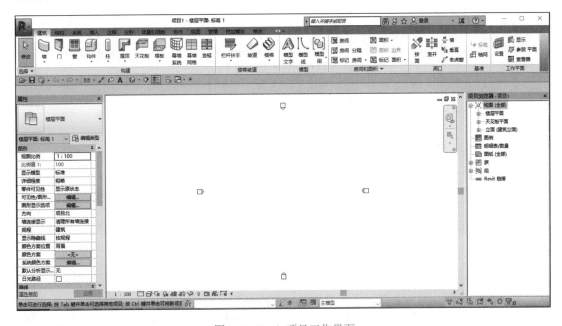

图 2-5　Revit 项目工作界面

2.2.2　应用 Revit 项目的工作界面

Revit 2018 项目的工作界面主要由应用程序菜单、功能区的选项卡、功能区上的上下文选项卡、功能区的工具、快速访问工具栏、属性选项板、项目浏览器、绘图区域、视图控制栏、状态栏等组成。其中应用程序菜单和功能区的选项卡前文已介绍过，此处不再赘述。

1. 功能区上的上下文选项卡

提供与选定对象或当前动作相关的工具。例如单击"结构"选项卡中的"梁"工具，会出现"修改 | 放置梁"。

图 2-6　基本绘制工具

2. 功能区的工具

包括选择、属性、修改、绘图、测量等各种工具。如在"修改 | 放置梁"上下文选项卡后出现"绘图"面板，图 2-6 所示为基本绘制工具。

3. 快速访问工具栏

快速访问工具栏包含一组默认工具。快速访问工具栏的自定义有以下两种方法。

方法一：单击 ████████████████ 栏目中的 ██ 按钮，选择"自定义快速访问工具栏"并进行设置，如图 2-7 所示。

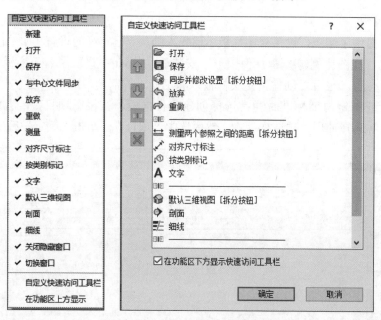

图 2-7　自定义快速访问工具栏

方法二：在选项卡中移动鼠标至功能区中的工具，单击鼠标右键，选择"添加到快速访问工具栏"，将此工具添加到快速访问工具栏中。

4. 属性选项板

用于查看和修改图元属性的多种参数，主要有实例属性和类型属性两类。

（1）实例属性██　应用于项目或者族中的单个图元，修改实例属性后仅影响被选中的图元，而不会影响与该图元相同类型的其他图元。"属性"对话框如图 2-8 所示。

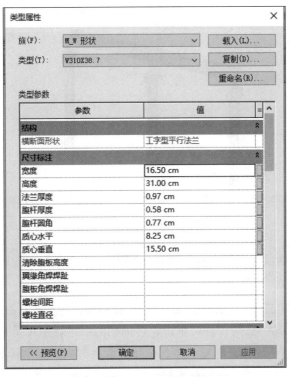

图 2-8　"属性"对话框

（2）类型属性　应用于项目或者族中的同类型图元，修改类型属性后会影响该图元相同类型的其他图元。"类型属性"对话框如图 2-9 所示。

图 2-9　"类型属性"对话框

5. 项目浏览器

项目浏览器如图 2-10 所示，包含当前项目中视图的平面和立面、明细表、图纸、组和其他部分的逻辑层次。展开和折叠各分支时，将显示下一层项目。

在项目浏览器的"楼层平面"中双击"场地"，可在绘图区显示项目基点和测量点  图标。进行总体桥梁工程项目设计时，通常需设置与桥位相应的项目基点和测量点的位置，以测得桥梁各点坐标并运用于施工放样。

6. 绘图区域

在绘图区域会显示当前项目的视图（包括图纸和明细表）。每次打开项目中的某一视图时，此视图会显示在绘图区域中，并默认覆盖在已打开视图的上面。

（1）绘图模型显示区域　单击 Revit 图标→"打开"→"项目"，弹出"打开"对话框，找到"箱梁匝道模型"的项目文件后，在此区域会显示箱梁匝道模型，如图 2-11 所示。

图 2-10　项目浏览器

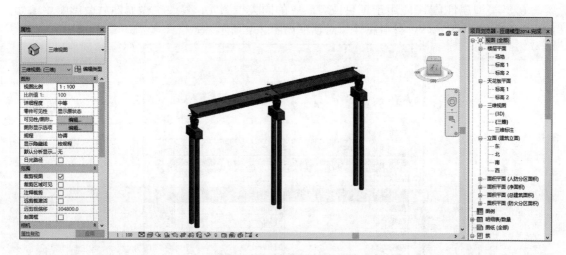

图 2-11　绘图区的箱梁匝道模型

（2）导航栏　移动鼠标在绘图区右侧单击 后出现"全导航控制盘"，可以操作鼠标控制图元的观察、缩放、平移等。

（3）主视图　鼠标左键单击绘图区右上角的 ，可将图元放置主视图显示。

（4）ViewCube 工具　它是一种可单击、可拖动的三维导航工具，用于在模型的标准视图和等轴测视图之间进行切换，包括大小、位置、默认方向、指南针显示等功能。

在 ViewCube 工具上单击"全导航控制盘"，显示如图 2-12 所示。

图 2-12　箱梁上视野图

7．视图控制栏

可以快速访问影响当前视图的功能。"视图控制栏"位于视图窗口即绘图区域的底部（状态栏的上方），包含 1：100 ⬜▱✕ ◯◆ ✿✿✿ ♀ 🗔🖼🖿 ◁ 工具。

（1）指定视图比例　是在图纸中用于表示对象的比例系统，单击 1：100 图标选项可选择一个比例。

（2）详细程度　根据视图比例设置新建视图的详细程度，包括粗略、中等和精细。

（3）视觉样式　视觉样式 ▱ 可以选择当前视图的显示精度，分为"线框""隐藏线""着色""一致的颜色""真实""光线追踪"等模式。"线框"模式显示绘制的所有边和线组成的图像，如图 2-13 所示；"真实"模式显示模型的视图材质，如图 2-14 所示。

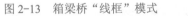

图 2-13　箱梁桥"线框"模式　　　图 2-14　箱梁桥"真实"模式

（4）日光路径　单击 ✿ 选项可打开或关闭日光路径，也可进行日光设置。打开该选项可以研究日光对建筑和场地的影响，须配合"阴影"选项使用。

（5）阴影　单击 ✿ 选项可打开或关闭阴影。

（6）裁剪视图　单击 ✿ 选项可选择裁剪或不裁剪当前视图。

（7）显示裁剪区域　单击 ✿ 选项可显示或关闭裁剪区域。要显示裁剪区域，光标移动到裁剪框位置后单击鼠标左键即可，如图 2-15 所示。拖动裁剪框上的控制圆点 ⬤ 可调整裁剪框的大小区域。调整后裁剪和不裁剪视图如图 2-16 所示。

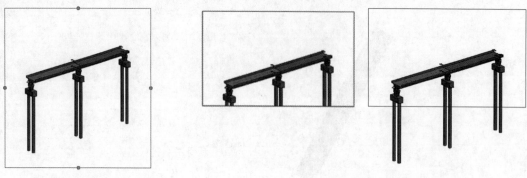

图 2-15　裁剪区域　　　　　　　　　　图 2-16　裁剪和不裁剪视图

（8）临时隐藏 / 隔离　单击 🐛 图标，选择"隐藏图元"或者"隔离图元"可以将所选中的图元进行临时隐藏或隔离。在绘制复杂图形中可以将暂时不操作的图元进行隐藏，编辑剩下的图元；若将选中的图元隔离后，则可单独显示被隔离的图元并进行编辑。隐藏图元后可选择"重设临时隐藏 / 隔离"进行恢复。具体运用如图 2-17 所示。

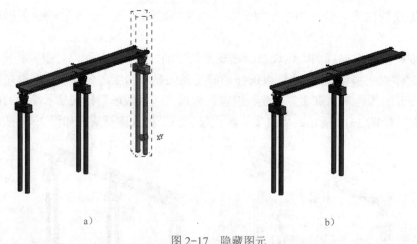

a）　　　　　　　　　　　　　　　　b）

图 2-17　隐藏图元

a）选中图元　b）单击"临时隐藏图元"

（9）显示隐藏图元　单击 💡 选项可以显示被隐藏的图元。

8．状态栏

状态栏可提供有关要执行操作的提示。高亮显示图元或构件时，状态栏会显示族和类型的名称。状态栏在应用程序窗口底部显示。

状态栏的右侧会显示 🔧⚙🔩🔨🔗⚙🔻 等其他工具。其中过滤器🔻能够优化在视图中选定的图元类别。如需在复杂模型中选择某一类型的图元，可先用鼠标框选所有图元，单击"过滤器"，弹出如图 2-18 所示的对话框，将多余图元的 √ 去掉，单击"确定"就能选中所需的图元。

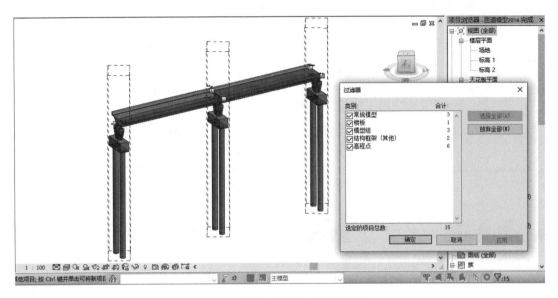

图 2-18　利用"过滤器"选择图元

2.2.3　保存 Revit 项目文件

在完成图形的创建和编辑后，用户可以将当前图形保存到指定的文件位置。在使用 Revit 进行桥梁工程绘图时，通常要注意间隔一定时间保存所建项目，以免操作失误丢失设计文件。

要保存文件，可以执行下列操作之一：

➢　单击应用程序菜单（保存）。

➢　按【Ctrl】+【S】。

➢　在快速访问工具栏上，单击"保存"。

选择保存位置后进行项目文件的命名，完成后保存文件。对打开已有的项目也可以"另存为"的方式重新命名进行保存。

2.3　运用标高和轴网、工作平面

标高用于控制建筑构件高度的信息，设定建筑楼层层高、桥梁高度。轴网用于设定工作平面，控制构件的平面位置。标高和轴网建立了模型的三维体系。

2.3.1　标高

通常在项目浏览器中的立面视图中设置标高。单击应用程序菜单新建一个项目，点击"立面"旁边的"+"，双击选择一个南立面方位，如图 2-19 所示，进入南立面视图状态。

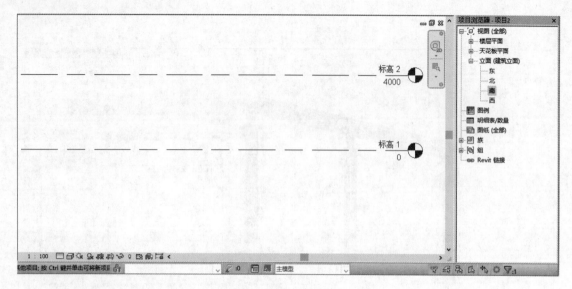

图 2-19　南立面视图

在桥梁项目中标高的控制通常采用 ±0 作为模型基准标高，基于此标高动态调整桥梁上下部结构高程。

1. 删除标高

单击选中"标高 2"，选择功能区的工具 ✖|图标，弹出对话框后点击"确定"。也可将光标移动到"标高 2"上点击鼠标右键选择"删除"。删除后"楼层平面"只能看到"标高 1"，表示"标高 2"楼层视图被删除。

2. 创建标高

➢　绘制线的方式：进入南立面视图，点击"建筑"选项卡，选择基准面板的"标高"，点击标高后弹出绘制面板，点击"直线"，勾选"创建平面视图"（表示项目浏览器楼层平面选项中会创建新的标高），点击"平面视图类型"，只选择"楼层平面"，点击"确定"，然后在绘图区域按图 2-20 所示绘制标高。

单击"标高 3"会出现如图 2-21 所示的信息。3D 表示当前模式下改动"标高 3"会影响其余立面视图，切换至 2D 模式时改动"标高 3"只影响当前立面。单击"标高 3"可更改名称，在属性对话框可更改标高位置。

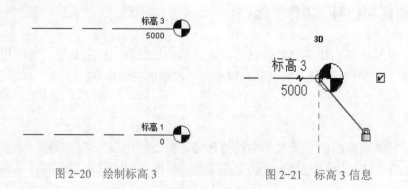

图 2-20　绘制标高 3　　　　　　　　图 2-21　标高 3 信息

➤ 拾取线的方式：点击"建筑"选项卡"标高"后弹出对话框如图 2-22 所示，点击"拾取线"。

图 2-22 "标高"拾取线

在快捷访问栏下方的 ⬚偏移量：3000.0⬚ 进行设置，然后将光标移动到"标高 2"位置，如图 2-23 所示，单击"确定"后，结果如图 2-24 所示，然后退出。

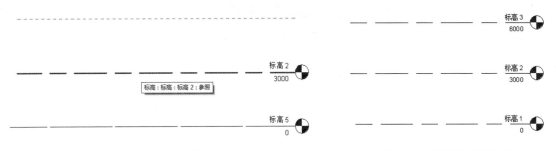

图 2-23　拾取线设定　　　　　　　　　　图 2-24　拾取线绘制完成

➤ 复制的方式：单击选中"标高 3"，找到"修改"选项卡中的"复制" ⬚，在绘图区域单击鼠标左键，如图 2-25 所示，鼠标向上方移动 3000mm 后，单击确认，则会在标高 3 上部复制一个标高 4，如图 2-26 所示。

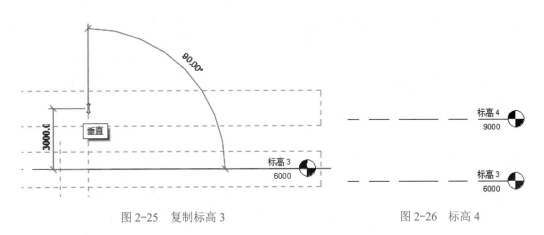

图 2-25　复制标高 3　　　　　　　　　　图 2-26　标高 4

若在复制状态下勾选"多个"，则可以连续进行复制。注意：复制的标高默认不显示在"项目浏览器"的楼层平面中，若需设置则在"视图"选项卡下单击"平面视图"，出现"楼层平面" ⬚图标后选中，弹出如图 2-27 所示对话框，点击"确定"后在"楼层平面"中会显示"标高 4"。

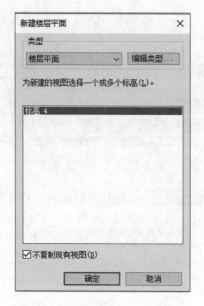

图 2-27 "新建楼层平面"对话框

2.3.2 轴网

轴网用于建筑定位。轴网所在的平面视图基于标高生成,无论是楼层平面、天花板平面、结构平面还是面积平面,都必须基于某一标高。

轴网默认贯穿所有标高,在项目中一般先建立标高后创建轴网。

1. 绘制纵向轴线

双击"标高 1"进入楼层平面,点击"建筑"选项卡找到"基准"位置,单击"轴网"后弹出"绘制"面板,在东西南北四个立面图标范围(视野范围)内选两点绘制一条"直线",如图 2-28 所示,选中这条轴线(蓝色显示)后选择编辑类型可以更改轴网线的样式。

选择"复制",勾选"多个"选项栏进行轴网的布置,向右移动光标至空白处单击,如移动 2000mm 按回车键,重复操作移动 3000mm、4000mm、3000mm、2000mm 后退出,绘制完成六条轴线,如图 2-29 所示。

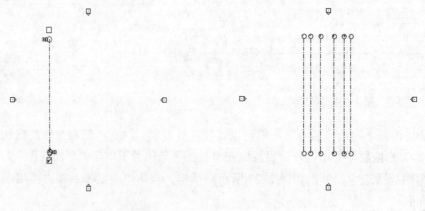

图 2-28 纵向第一条轴线 　　　　　　　　　　图 2-29 六条轴线

2. 绘制横向轴线

横向轴线的绘制方式与纵向轴线类似，在任意位置处绘制一条横向轴线，选中轴线，在端部位置处将 ←⊘ ⬚ 图标中的 "7" 改为 "A"。同样采用复制并勾选 "多个" 命令进行其余轴网的绘制，如间距为 3000mm、3000mm、2000mm、4000mm、3000mm。图 2-30 所示为创建完成后的轴网。

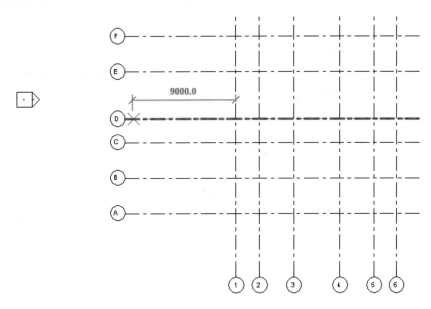

图 2-30　基本轴网创建完成

轴网建立后，可在立面视图、楼层平面中显示，三维视图中则不显示。

2.3.3　轴网的可视性

如在建立轴网后在南立面视图标高 4 位置上方再创建一个标高 5，则切换到楼层平面标高 5 视图时会无法显示轴网。在南立面视图、东立面视图中拖拽模型端点 ⚲ 至标高 5 位置之上，则能正常显示轴网，如图 2-31 所示。

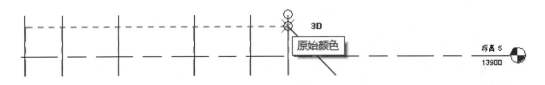

图 2-31　标高 5 纵向轴网调整

例如在楼层平面标高 2，点击轴网 ⚯ 从 3D 切换至 2D 状态，拉长拖拽 1 号轴网后则不能影响其他楼层平面标高的 1 号轴网视图。如要影响楼层平面 3，则需单击 "基准" 选项卡的 "影响范围" ▦ 按钮，弹出如图 2-32 所示的对话框，选择 "楼层平面：标高 3"。

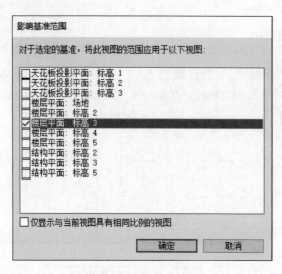

图 2-32 影响基准范围

2.3.4 工作平面

工作平面是一个用作视图或绘制图元起始位置的虚拟二维平面。所绘制的图元都是基于工作平面的。

1. 工作平面的用途

工作平面的用途较多，它可以作为视图的起始位置、用于绘制图元的定位、在特殊视图中用于某些工具的启用（例如在三维视图中启用"旋转"和"镜像"）、用于放置基于工作平面的构件等。

2. 工作平面的运用

在"建筑"选项卡下找到"设置" 📦 单击，弹出如图 2-33 所示对话框。

➢ 根据名称指定新的工作平面：通过选项组中的 3 个子选项来设定新的工作平面。

如选择"标高：标高 2"，点击"确定"，在快捷访问栏点击 💿 切换到三维主视图后，在"建筑"选项卡的工作平面上找到 📦 图标，就能显示在标高 2 位置处虚拟的工作平面，如图 2-34 所示。

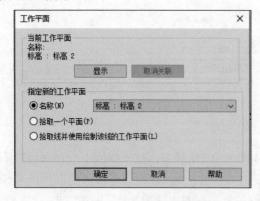

图 2-33 "工作平面"对话框

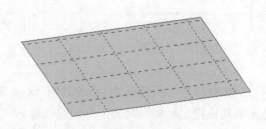

图 2-34 标高 2 工作平面

设置完成后，在三维主视图中点击"建筑"选项卡绘制"模型线"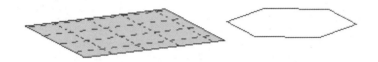，会发现所绘制的模型线都基于标高 2 的位置，如图 2-35 所示。

图 2-35　基于标高 2 的多边形模型线

➤　拾取一个工作平面：可以拾取模型中的一个面作为参照平面。

如在三维主视图下选择"建筑"选项卡的"墙：建筑"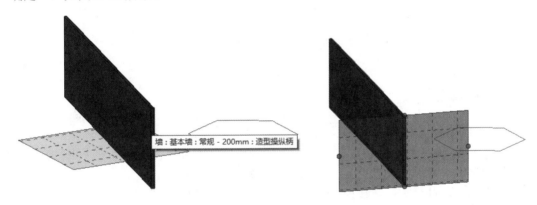，"属性"对话框中"底部约束"选择"标高 2"，在绘图区任意绘制一段墙体，完成后点击"设置"图标；拾取一个参照平面确定；移动光标至墙体的横截面位置，被拾取的工作平面会以深蓝色线显示，选中后点击"确定"，如图 2-36 所示。

墙：基本墙：常规 - 200mm：造型操纵柄

图 2-36　拾取墙体横截面为参照平面

➤　拾取线并使用绘制该线的工作平面：可以拾取模型线所在的工作平面作为当前工作平面。

2.4　基本绘图工具及应用

在 Revit 中，图元的绘制通常需要运用基本的绘图工具，现以模型线为例介绍其具体绘制的方法。

新建一个项目，切换到楼层平面标高 1 视图所在位置，选中"建筑"选项卡下的"模型线"，出现"绘制"面板，其中的工具为基本的绘制工具，如图 2-37 所示。

图 2-37　绘制工具

2.4.1　绘制直线

指定线的起点和终点，或指定线的长度。

具体方法：点击绘图工具中的"直线"图标，在绘图区适当位置选 2 个端点确定直线。先点击鼠标左键，设置好长度和方向后确定另一端。

试根据图 2-38 提示，绘制线长 3000mm 的直线。

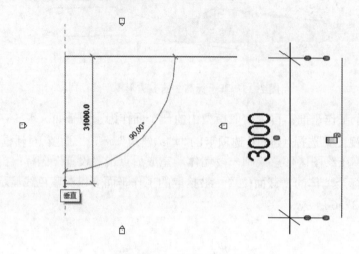

图 2-38　绘制直线

2.4.2　绘制矩形

选择 2 个对角点的位置绘制矩形。

具体方法：点击绘图工具中的"矩形"图标，在绘图区适当位置选 2 个角点后确定，如需要弯曲角，可以在 ☑半径 500.0 中设置圆角的半径。

试根据图 2-39 提示，绘制长 3000mm、宽 2000mm、弯曲角半径 500mm 的矩形。

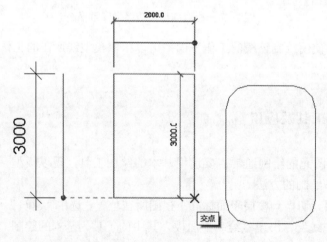

图 2-39　绘制矩形

2.4.3　绘制多边形

1）对于内接多边形，圆的半径是圆心到多边形边顶点的距离。

具体方法：点击绘图工具中的"内接多边形"图标，在 边:[6] 中输入多边形的边数，在 ☑半径:[1000.0] 中输入半径值，并在绘图区适当位置选圆心和顶点后确定。

试根据图 2-40 提示，绘制半径 1000mm 的六边形。

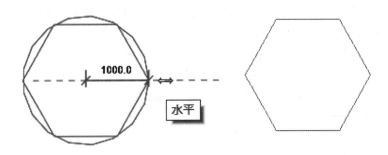

图 2-40　绘制内接多边形

2）对于外接多边形，其各边与内切圆中心距离相等。通过设置此特定距离绘制多边形。操作方法与内接多边形类似。

2.4.4　绘制圆

可通过指定圆的中心点和半径来绘制圆。

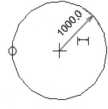

具体方法：点击绘图工具中的"圆"图标，选择"半径"并输入半径值，单击一次就可将圆形放置在绘制区域。

试绘制如图 2-41 所示半径 1000mm 的圆。绘制完成后可在"属性"选项卡找到"中心标记可见"并进行勾选，圆的中心就能被标记。

图 2-41　绘制圆

2.4.5　绘制圆弧

绘制曲线或圆角时可使用多个圆弧工具。

➢　起点—终点—半径弧：通过指定起点、端点和弧半径，可以创建一条圆弧曲线。

试根据图 2-42 提示，绘制半径 1000mm 的圆弧。

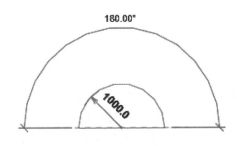

图 2-42　绘制圆弧

➢　圆心—端点弧：通过指定弧的中心点、起点和端点来绘制一条圆弧曲线。

➢　相切—端点弧：通过捕捉两条既有线的切点作为弧线的起点和端点，软件自动调整弧半径来绘制圆弧曲线。

2.4.6 绘制椭圆

"椭圆"命令可用于绘制模型线、详图线、梁和基于草图的图元，通过在两个方向上选择中心点和半径，可以绘制椭圆。

具体方法：点击绘图工具中的"椭圆"图标，在绘制区域先确定圆心位置，然后在两个方向上确定半径。

试绘制图 2-43 所示短径 1000mm、长径 2000mm 的椭圆。

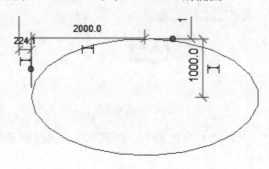

图 2-43　绘制椭圆

2.4.7 绘制样条曲线

绘制样条曲线时，尝试使用最简单的线条（或线条组合）获得所需的效果。在桥梁工程中只要可以使用弧和线的组合进行绘制，就不要使用样条曲线。在必须使用样条曲线创建线时，应尽量少使用控制点，以将处理时间保持为最低限度。

具体方法：绘制一条经过或靠近指定点的平滑曲线，如图 2-44 所示，圆点为指定控制点。

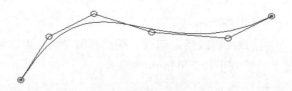

图 2-44　绘制样条曲线

2.4.8 拾取线

根据既有设计图纸（如在族中插入的 CAD 图纸）、图元（梁、墩台、承台基础等）拾取选定一条或者多条线，拾取后形成新的线条或图形。

如果要选择一连串线，可将光标移动到某个线段上，按【Tab】键高亮显示整条线。

拾取线的具体应用可参照后续章节中箱梁族轮廓的绘制。

2.5　常用修改工具及应用

创建的各种模型，需要进行一些修改以实现模型所需的设计，这些工具大部分都位于功能区的"修改"选项卡上，如图 2-45 所示。

图 2-45　常用的修改工具

2.5.1　对齐

使用"对齐"工具可将一个或多个图元与选定图元对齐。此工具通常用于对齐各种线以及梁、墩台等构件，也可以用于其他类型的图元。

具体方法：单击"修改"选项卡→"修改"面板→"对齐"🔲，选择参照图元（要与其他图元对齐的图元，如图 2-46a 选择轴网 1 为参照），选择要与参照图元对齐的一个或多个图元（在选择之前，将光标在图元上移动，直到高亮显示要与参照图元对齐的图元部分时为止，然后单击该图元，如图 2-46b 选择矩形上边线）。要重新对齐，按【Esc】键一次；要退出"对齐"工具，按【Esc】键两次。对齐后如图 2-46c 所示。

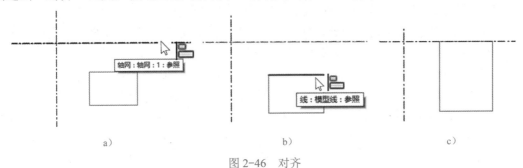

图 2-46　对齐

2.5.2　移动

"移动"用于将选定图元移动到当前视图中指定的位置，其工作方式类似于拖曳，它在选项栏上提供了其他功能，允许进行更精确的放置。

具体方法：选择要移动的图元，如图 2-47a 所示（移动光标至待选物体上，按【Tab】键可切换），然后单击此图元，激活修改功能区的上下文选项卡；再单击"修改"面板的"移动"✛工具，如图 2-47b 所示，点击左下角方框控制光标移动至左侧轴网，如图 2-47c 所示。

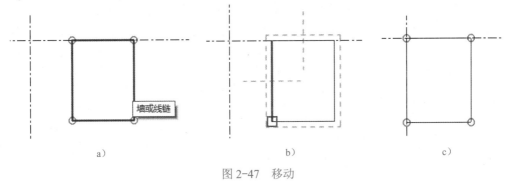

图 2-47　移动

2.5.3　偏移

"偏移"用于对选定图元（例如模型线、详图线、墙或梁）进行复制或将其在与其长度垂直的方向移动指定的距离。

具体方法：单击"修改"选项卡→"修改"面板→"偏移"🔲，在选项栏上指定偏移距离 1000mm，选择要偏移的图元并确定，如图 2-48 所示。

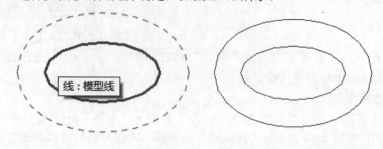

图 2-48　偏移

2.5.4　复制

"复制"工具可复制一个或多个选定图元，并可随即在图纸中放置这些图元。

具体方法：选择要复制的图元，然后单击此图元，激活修改功能区的上下文选项卡；再单击修改面板的"复制" （若要放置多个图元，在选项栏上选择"多个"）；单击一次绘图区域开始移动和复制图元；将光标从原始图元上移动到要放置图元副本的区域；单击以放置图元副本，或输入关联尺寸标注的值；继续放置更多图元，或者按【Esc】键退出"复制"工具。复制后的效果如图 2-49 所示。

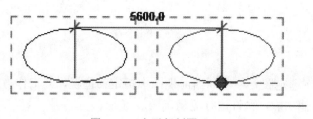

图 2-49　水平复制图元

2.5.5　镜像

使用"镜像"工具可反转选定图元，或者生成图元的一个副本并反转其位置。

具体方法：选择要镜像的图元，如图 2-50a 所示，然后单击此图元，激活修改功能区的上下文选项卡；再单击修改面板的"镜像" →"拾取轴"，点击轴网后如图 2-50b 所示；也可用"镜像" →"绘制轴"绘制一条轴用于镜像。

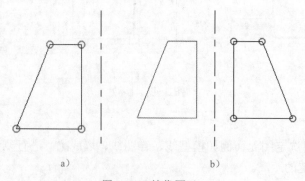

a)　　　　　　　　　　　b)

图 2-50　镜像图元

2.5.6　修剪和延伸

使用"修剪"和"延伸"工具可以修剪或延伸一个或多个图元至由相同的图元类型定义的边界。

具体方法：单击"修改"选项卡→"修改"面板→"修剪／延伸单一图元"。选择用作边界的参照，如图 2-51a 所示；然后光标移动到要修剪或延伸的图元上方，如图 2-51b 所示，点击"确定"后如图 2-51c 所示。

试用同样方法把图形修剪成矩形。

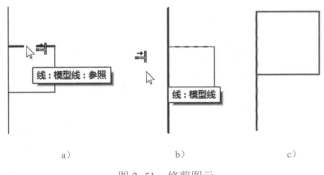

图 2-51　修剪图元

2.5.7　阵列

使用"阵列"工具可以创建一个或多个图元的多个实例，并同时对这些实例进行操作。可以指定阵列中图元之间的距离。图元可以沿一条线阵列（线性阵列），也可以沿一个弧形阵列（半径阵列）。

梦想从学习开始，事业从实践起步

自从古埃及建造金字塔开始（甚至更早），二维平面图就在设计者的笔下出现了，在沙滩上、羊皮纸上、绘图桌上，然后建筑工人根据这些施工图来施工。然而到了现代，在很长的一段时间里，设计师用计算机完成设计工作后，还是以二维纸质图纸的形式将设计信息传递给下游的需要了解设计意图的人，从而一下子又仿佛回到了古埃及时代。难道除了古老的二维形式的图纸，就没有更好的方法了吗？要是从一开始就创建一个三维建筑模型来表现设计意图，并应用于整个建设和运维过程，这又会是什么样的情况呢？在此基础上，BIM 概念应运而生，一个由 Autodesk 公司于 2002 年提出的崭新概念，应用于建设行业的设计、施工、运行直至建筑全寿命周期的全过程管理。

我国从 2002 年开始逐步接触 BIM 理念，并在高校及科研机构中进行了一系列理论方面的研究。2011 年，在合肥南环线钢桁梁柔性拱桥的施工中应用了 BIM 技术，不仅减少了施工准备阶段的工作量，还合理规划了在制造和安装过程中各参与方的工作协同，在设计阶段进行施工模拟，优化了施工方案，提高了工作效率。利用 Autodesk Revit 的参数化建模手段及其内部可视化编程插件 Dynamo 建立族库，实现快速高效的模型创建与修改，是 BIM 的一种主流技术。在科学技术日新月异的今天，在"云物大智移"、5G+、工业互联网等新技术的催生下，以 BIM 技术为基础，结合物联网、云计算、大数据、智能算法等技术，实现了工程项目全过程的参数化设计、信息化管理、系统智能化预警管理、项目信息管理，显著提高了建筑工程的信息集成化程度。同学们要充分利用学习时间，不断学习新知识，掌握新技术，培养过硬技能，最终把自己锻造成为具有较高综合素质和较强学习能力的优秀人才。

小　结

本章主要介绍了 Revit 用户和工作界面，创建、保存 Revit 项目的方法以及绘图的基本操作等知识。具体包括应用多种视图命令观察和选择图元，设置标高、轴网、参照工作平面的方法，多边形、圆、圆弧、椭圆、拾取线等基本绘图工具和修改工具的使用，为下阶段墩台族、箱梁族的学习做准备。

习　题

1．（　　）提供对常用文件操作的访问，例如"新建""打开"和"保存"。
    A．应用程序菜单　　　　　　　　　　B．功能区上的选项卡
    C．项目　　　　　　　　　　　　　　D．族
2．建筑、结构、系统、插入、注释、分析、体量和场地、协作、视图、管理、修改等（　　）提供创建项目或族所需的全部工具。
    A．应用程序菜单　　　　　　　　　　B．功能区上的选项卡
    C．项目　　　　　　　　　　　　　　D．族
3．在 Revit 中，所有的设计模型、视图及信息都被存储在一个后缀名为（　　）的 Revit 项目文件中。
    A．.dwg　　　　　　B．.cwg　　　　　　C．.cvt　　　　　　D．.rvt
4．（　　）包括设计所需的全部信息，例如构造物的三维模型、平立剖面及节点视图、各种明细表、施工图纸，以及其他相关信息，Revit 会自动关联项目中的所有设计信息。
    A．应用程序菜单　　　　　　　　　　B．功能区上的选项卡
    C．项目　　　　　　　　　　　　　　D．族
5．（　　）是组成项目的构件，同时是参数信息的载体。Revit 中的所有图元都基于此。
    A．应用程序菜单　　　　　　　　　　B．功能区上的选项卡
    C．项目　　　　　　　　　　　　　　D．族
6．（　　）可用于显示当前项目中视图的平面和立面、明细表、图纸、族、组和其他部分的逻辑层次。
    A．属性　　　　　　　　　　　　　　B．快速访问工具栏
    C．项目浏览器　　　　　　　　　　　D．导航栏

7. 下列不属于绘图区域功能的是（　　　）。

    A．绘图模型显示区域 　　　　　　　　B．导航栏

    C．View Cube 工具 　　　　　　　　　D．视图控制栏

8. （　　　）是在图纸中用于表示对象的比例系统。

    A．指定视图比例 　　　　　　　　　　B．详细程度

    C．视觉样式 　　　　　　　　　　　　D．日光路径

9. 根据视图比例设置新建视图的（　　　），包括粗略、中等、精细。

    A．指定视图比例 　　　　　　　　　　B．详细程度

    C．视觉样式 　　　　　　　　　　　　D．日光路径

10. （　　　）可以选择当前视图的显示精度，分为线框、隐藏线、着色、一致的颜色、真实、光线追踪等模式。

    A．指定视图比例 　　　　　　　　　　B．详细程度

    C．视觉样式 　　　　　　　　　　　　D．日光路径

11. 使用 Revit 保存所建项目的默认快捷方式是（　　　）。

    A．【Ctrl】+【S】 　　　　　　　　　B．【Ctrl】+【C】

    C．【Ctrl】+【T】 　　　　　　　　　D．【Ctrl】+【V】

12. 标高通常在项目浏览器中的（　　　）中进行控制。

    A．三维视图 　　　B．天花板平面 　　　C．立面 　　　D．图例

13. 在桥梁项目建筑定位中一般先建立标高后创建（　　　）。

    A．属性 　　　　　B．项目 　　　　　C．轴网 　　　D．图例

14. （　　　）是用作视图或绘制图元起始位置的虚拟二维表面，所绘制的图元都基于此。

    A．标高 　　　　　B．项目 　　　　　C．轴网 　　　　D．工作平面

15. 以下不属于工作平面的设置方式的是（　　　）。

    A．指定新的工作平面 　　　　　　　　B．基准

    C．拾取一个工作平面 　　　　　　　　D．拾取线

16. 以下不属于"绘制"面板工具的是（　　　）。

    A．直线 　　　　　B．矩形 　　　　　C．拾取线 　　　D．对齐

17. 以下属于"修改"面板工具的是（　　　）。

    A．多边形 　　　　B．矩形 　　　　　C．拾取线 　　　D．偏移

18. 用于对选定图元（例如模型线、详图线、墙或梁）进行复制或将其在与其长度垂直的方向移动指定距离功能的是（　　　）。

    A．对齐 　　　　　B．移动 　　　　　C．镜像 　　　D．偏移

19. （　　　）工具是使用一条线作为镜像轴，来反转选定模型图元的位置。

    A．对齐 　　　　　B．移动 　　　　　C．镜像 　　　D．偏移

20. 使用（　　　）工具可以创建一个或多个图元的多个实例，并同时对这些实例进行操作，可以指定此功能中图元之间的距离。

    A．对齐 　　　　　B．阵列 　　　　　C．镜像 　　　D．修改

第3章 创建基础、桥墩台

知识目标

1. 了解公制结构基础族样板、公制结构柱族样板的特性。
2. 掌握桩基础族、混凝土垫层族、承台族、桥墩族、桥台族的绘制方法。
3. 熟练应用"拉伸""空心拉伸""融合""对齐""复制""镜像"等命令。

能力目标

1. 能够创建桩基础族、混凝土垫层族、承台族、桥台族。
2. 学会应用不同的族进行组合编辑得到基础族。

详细的操作过程视频，请扫描以下二维码：

视频 3-1　创建桩基础族

视频 3-2　绘制混凝土垫层外部

视频 3-3　绘制混凝土垫层内部桩孔

视频 3-4　绘制桥墩主体

视频 3-5　绘制桥墩表面细部

视频 3-6　创建基础族

知识导引

　　Revit 中的所有图元都是基于族的，族是 Revit 中使用的一个功能强大的概念，每个族图元能够在其内定义多种类型。根据族创建者的设计，每种类型可以具有不同的尺寸、形状、材质设置或其他参数变量。

　　族是组成项目的构件，同时是参数信息的载体。族分为族文件和族样板。族样板根据使用用途不同分为基于面的样板、基于线的样板、基于墙的样板、基于天花板的样板等。

\\想一想

　　在创建基础族、桥墩台族时，应使用哪一种类型的族样板进行创建？

3.1 创建桩基础

知识导引

桩基础的主要指标包括桩长、桩径、桩心位置、材料属性等。在实际工程中，桩长参数多样化，而桩径、材料属性等更为单一。

3.1.1 创建族文件

族样板包括公制常规模型、公制结构基础、公制窗、公制家具、公制结构梁和桁架等。在本章中，桥墩、桥台都属于桥梁下部结构基础构件，因而应使用公制结构基础族样板创建族。

在桌面上选中 Revit 图标，进入 Revit 主界面，依次按照顺序点击"族"→"新建"→"公制结构基础"族样板→"打开"→"保存"→"桩基础"。应注意的是，族样板后缀名为".rft"，族文件后缀名为".rfa"。

3.1.2 绘图并设置参数

进入"项目浏览器"选项栏中的"楼层平面"，选中"参照标高"，点击"拉伸"，进入"修改 | 创建拉伸"编辑状态。选择"圆"，首先确定圆心的位置：选中两个参照平面的交点。其次确定圆的半径：拖动鼠标，在绘图区域空白处任意一点单击鼠标左键，如图 3-1 所示。最后按两次【Esc】键表示圆的绘图操作完成。

为了更好地控制、管理桩径的大小，将对其进行注释并添加参数属性。点击工具栏"注释"选项，选择"直径标注"命令，选中刚绘制好的圆，此时将在界面显示标注圆的直径，拖动鼠标，圆的直径标注将随着光标移动至相应的位置。当位置合适时，在绘图区域空白处任意一点单击鼠标左键完成标注，如图 3-2 所示，最后按两次【Esc】键表示直径标注操作完成。选中刚完成的直径标注，点击"标签尺寸标注"选项栏中的"标签" ，当下拉菜单中没有合适的参数时，则需点击标签右侧的"创建标签"，打开"参数属性"对话框设置参数，如图 3-3 所示，最后点击"确定"完成，如图 3-4 所示。

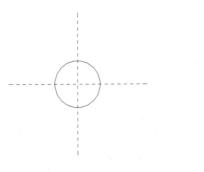

图 3-1 圆截面

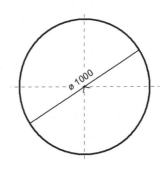

图 3-2 圆的直径标注

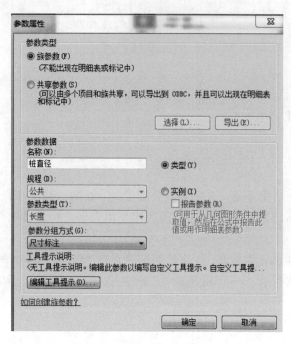

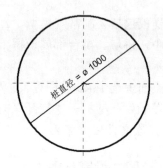

图 3-3　圆的直径注释参数属性　　　　　　　　图 3-4　圆的直径注释

　　对桩心位置进行设置，主要原理是：使桩与公制结构基础族中的平面进行关联，通过平面控制构件的方式对桩基础进行管理。在设置之前，为了避免"直径标注"对桩心位置操作设置的影响，将选中"直径标注"，选择"隐藏图元"对其"直径标注注释"进行隐藏，接着点击刚绘制好的圆，选中"实例属性"中的"中心标记可见"，此时绘图区域中将会显示圆心，如图 3-5 所示。只有当圆心显示后，方可对圆心进行设置。选择"对齐"，点击水平参照平面，然后选择圆心，此时出现一把锁；点击锁，将锁的状态由开锁变为已锁。重复以上操作，将水平参照平面和垂直参照平面都与圆心进行锁定，从两个方向进行约束，达到通过参照平面控制圆位置的目的。

　　当完成绘制圆、对其桩径进行注释并添加参数属性、对桩心位置设置完成后，"修改｜创建拉伸"编辑完成，点击"√"表示完成。点击"默认三维视图"查看桩基础模型。

　　除了控制桩径的大小外，还需要对桩长进行控制设置。为了将桩长进行控制，需要两个水平参照平面控制桩的两个端部。系统当中已经有一个水平参照平面——水平参照标高，需要绘制另外一个水平参照平面。进入"立面—前"，选择"参照平面"，进入"修改｜放置参照平面"编辑状态。选择"直线"，在参照平面下方任意绘图区域点击鼠标左键绘制新参照平面起点，向右移动鼠标一定距离，当出现"水平"时，单击鼠标左键绘制新参照平面的终点，如图 3-6 所示。同样，重复以上操作，在两个水平参照平面之间进行注释并添加参数属性，如图 3-7 所示。完成以上操作后，选择"修改"选项栏中的"对齐"，将桩的顶部、底部与对应的参照平面进行锁定，从两端进行约束，达到通过参照平面控制桩长的目的，如图 3-8 所示。

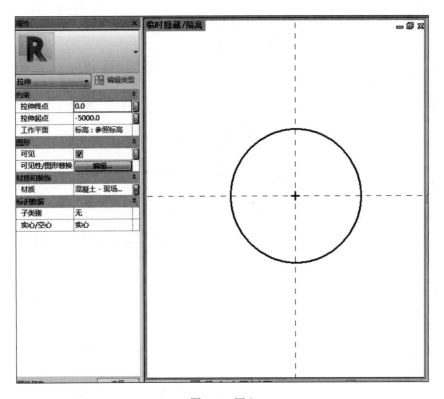

图 3-5　圆心

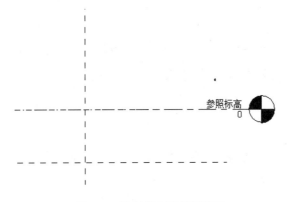

图 3-6　绘制新水平参照平面

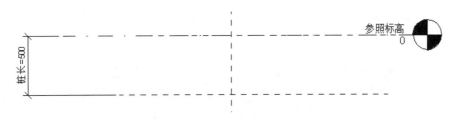

图 3-7　水平参照平面间距注释

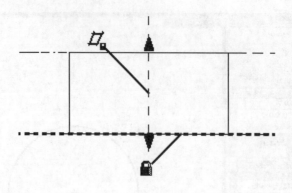

图 3-8　桩长设置

点击"属性"选项栏中的"族类型",打开对话框,如图 3-9 所示,可以通过修改桩径、桩长大小验证模型的准确性。选中桩基础模型,选择状态栏中的"着色"—"真实",选择"实例属性"选项栏中的"材质",可以设置桩基础的材料参数为"混凝土—现场浇注混凝土",如图 3-10 所示,然后点击"确定",如图 3-11 所示。此外,将实例属性的参数与类型属性参数关联,点击"材质"右侧"关联",打开"关联族参数"对话框,如图 3-12 所示,选择"结构材质",点击"确定",将使实例属性中的材质关联到类型属性中的材质。

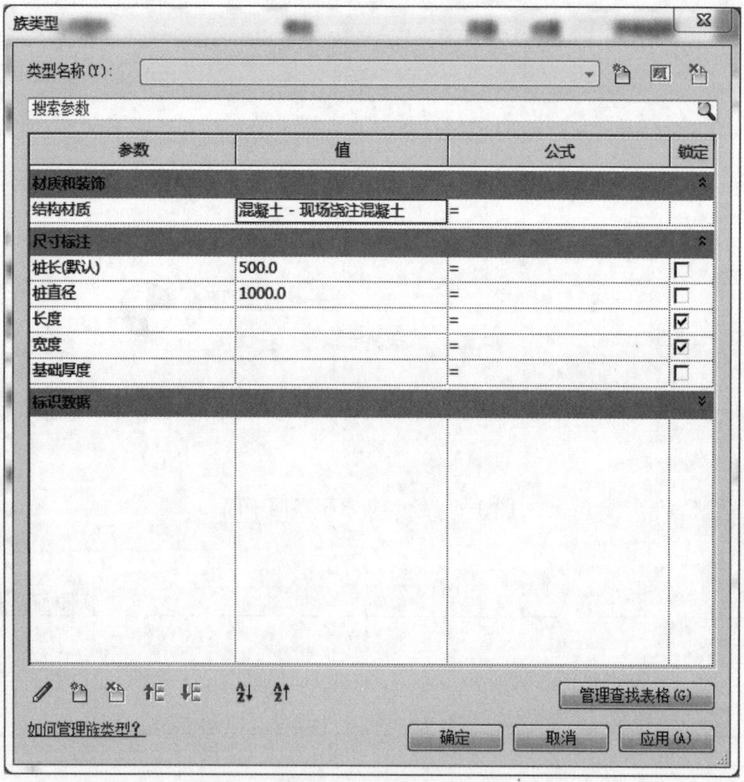

参数	值	公式	锁定
材质和装饰			⌃
结构材质	混凝土 - 现场浇注混凝土	=	
尺寸标注			⌃
桩长(默认)	500.0	=	☐
桩直径	1000.0	=	☐
长度		=	☑
宽度		=	☑
基础厚度		=	☐
标识数据			⌄

图 3-9　族类型

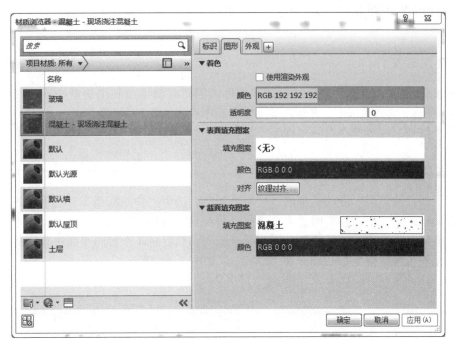

图 3-10　选择材质

图 3-11　桩基础模型

图 3-12　材质关联

\\ 想一想

实例属性与类型属性有什么区别呢？为什么要将实例属性的参数关联到类型属性？

3.2　创建混凝土垫层

3.2.1　创建族文件

混凝土垫层族属于桥梁下部结构基础构件，因而可使用公制结构基础族样板创建族。选中 Revit 图标，进入 Revit 主界面，依次按照顺序点击"族"→"新建"→"公制结构基础"族样板→"打开"→"保存"→"混凝土垫层族"。

3.2.2　绘制混凝土垫层外部并设置参数

进入"项目浏览器"选项栏中的"楼层平面"，选中"参照标高"。为了更好地控制、管理混凝土垫层的大小，需要通过 4 个参照平面对其四条边进行控制，因而首先绘制 4 个参照平面。重复以下操作："创建"→"参照平面"。然后对 4 个参照平面进行注释并添加参数属性，设置长度数值为 2000mm 和 3000mm，如图 3-13 所示。

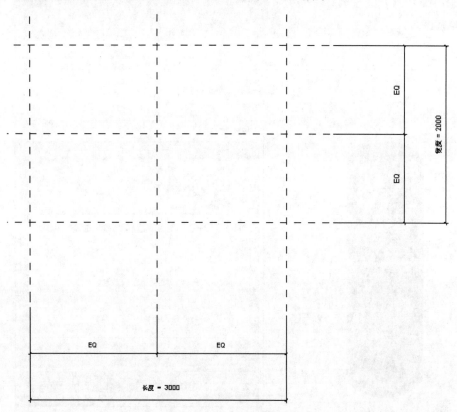

图 3-13　注释 4 个参照平面

点击"拉伸"，进入"修改｜创建拉伸"编辑状态。选择"矩形"，进入绘图区域，点击左上角两个参照平面的交点，然后点击右下角两个参照平面的交点，此时出现 4 把锁，分别点击 4 把锁，将锁转化为已锁状态，使 4 个参照平面分别控制垫层的 4 条边，如图 3-14 所示。点击"√"表示完成。完成后，可以点击"默认三维视图"查看垫层模型，如图 3-15 所示。

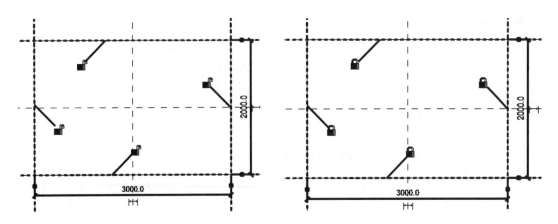

图 3-14 垫层平面绘制

图 3-15 垫层初步模型

除了垫层外部的长度和宽度外，还需要对厚度进行控制设置。进入"项目浏览器"选项栏中的"立面"，添加绘制一个水平参照平面。选择"创建"选项栏中的"参照平面"，进入"修改 | 放置参照平面"编辑状态。重复以上操作，对两个水平参照平面进行注释并添加参数属性，如图 3-16 所示。重复以上操作，将承台的顶部、底部与对应的参照平面进行锁定，达到通过参照平面控制垫层厚度的目的，如图 3-17 所示。

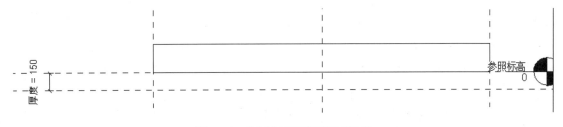

图 3-16 绘制水平参照平面并注释

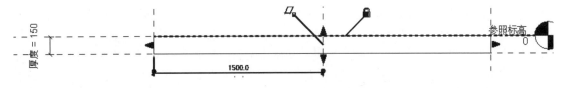

图 3-17 垫层厚度控制

知识拓展

"拉伸"是通过拉伸二维形状来创建三维实心形状。而如何在构件内部开孔或者去掉主体构件的一部分呢？"空心形状"是删除实心形状的一部分。"空心拉伸"是空心形状中的一种。两者的主要区别："空心拉伸"可以创建一个三维形状，然后使用该形状来删除实心三维形状的一部分。

3.2.3 绘制混凝土垫层内部桩孔并设置参数

混凝土垫层是桩基础与承台之间的连接构件，混凝土垫层又直接与桩基础连接，因而需在混凝土垫层内部设置桩孔。依次点击"创建"→"空心形状"→"空心拉伸"，此时进入"修改｜创建空心拉伸"编辑状态。为了更好地控制、管理混凝土垫层内部桩孔的位置，需要通过4个参照平面对其桩孔心位置进行控制，因而首先绘制4个参照平面。重复以下操作："创建"→"参照平面"（注意：此时是在"修改｜创建空心拉伸"编辑状态下绘制参照平面）。然后对4个参照平面进行注释并添加参数属性，分别设置桩径间距 a 和 b 数值为 1500mm、1000mm，最终如图3-18所示。

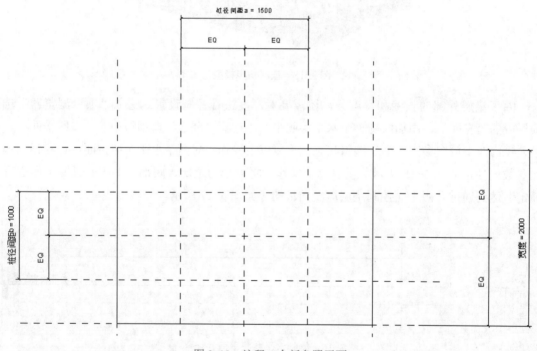

图 3-18 注释 4 个新参照平面

接着，绘制混凝土垫层内部桩孔。选择"圆"—"复制"，绘制圆，并将水平参照平面和垂直参照平面与圆心锁定。为了与本书 3.1 节绘制的桩基础相连接，则要求混凝土垫层内部桩孔与桩基础的桩径大小一致。重复桩基础中对桩径的操作，对混凝土垫层内部桩孔进行注释并添加参数属性，如图3-19所示。最后点击"√"。完成后，可以点击"默认三维视图"查看垫层模型，如图3-20所示。

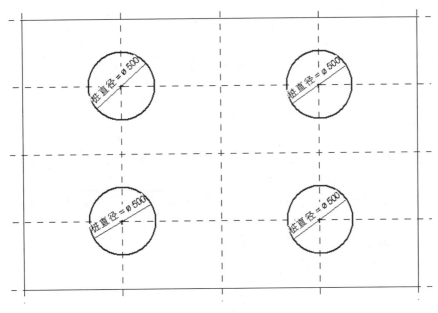

图 3-19　注释 4 个桩孔

图 3-20　垫层细部模型

　　然后对桩孔长度进行控制设置。进入"项目浏览器"选项栏中的"立面"，如图 3-21 所示。为了对桩孔长度进行控制，而不受到之前绘制好的混凝土垫层外部构件的影响，需选中混凝土垫层外部构件，点击状态栏"临时隐藏"中的"隐藏图元"将其隐藏，如图 3-22 所示。重复以上操作，将桩孔的顶部、底部与对应的参照平面进行锁定，如图 3-23 所示。完成后，点击状态栏"临时隐藏"中的"重设隐藏图元"。

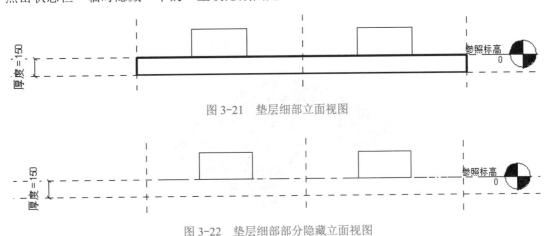

图 3-21　垫层细部立面视图

图 3-22　垫层细部部分隐藏立面视图

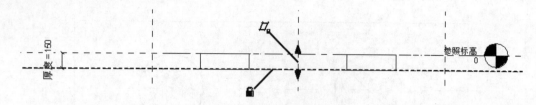

图 3-23　垫层桩孔长度控制

最后，点击"属性"选项栏中的"族类型"，如图 3-24 所示，可以通过修改垫层大小验证模型的准确性。选中垫层模型，选择状态栏中的"着色"，选择"实例属性"选项栏中的"材质"，可以设置垫层的材料参数。点击"材质"右侧的"关联"，打开"关联族参数"对话框，选择"结构材质"，点击"确定"，将使实例属性中的材质关联到类型属性中的材质。最终模型如图 3-25 所示。

图 3-24　垫层族类型参数

图 3-25　垫层最终模型

3.3 创建承台

\\ 想一想

　　混凝土垫层与承台在外形上较为相似，主要区别在于承台不存在桩孔，在绘图过程中想一想其所应用的命令有什么不同。

3.3.1 创建族文件

　　选中 Revit 图标，进入 Revit 主界面，依次按照顺序点击"族"→"新建"→"公制结构基础"族样板→"打开"→"保存"→"混凝土承台族"。

3.3.2 绘图并设置参数

　　进入"项目浏览器"选项栏中的"楼层平面"，选中"参照标高"。承台界面的绘制方法与垫层外部一致，故重复以下操作："创建"→"参照平面"。然后对 4 个参照平面进行注释并添加参数属性，设置参数如图 3-26 所示，最后点击"确定"完成。点击注释，修改承台长度数值为 3000mm，修改承台宽度数值为 2000mm。

　　点击"拉伸"，进入"修改｜创建拉伸"编辑状态。选择"绘制"工具选项栏中的"矩形"，绘制承台，最终如图 3-26 所示。

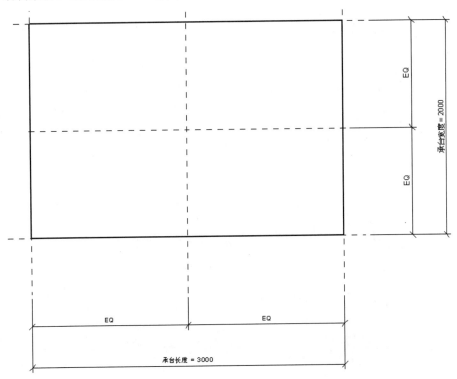

图 3-26　承台界面绘制并注释参数

进入"项目浏览器"选项栏中的"立面",添加绘制另外一个水平参照平面,对两个水平参照平面进行注释并添加参数属性。完成以上操作后,选中承台,将承台的顶部、底部与对应的参照平面进行锁定,通过参照平面控制承台厚度,如图3-27所示。

最后,点击"属性"选项栏中的"族类型",如图3-28所示,对承台模型的"着色""材质"等参数进行设置,最终模型如图3-29所示。

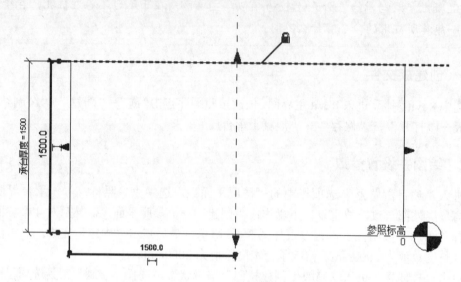

图 3-27 承台厚度控制

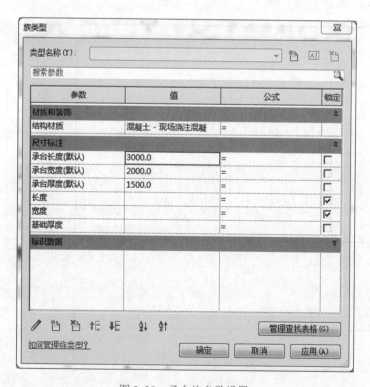

图 3-28 承台族参数设置

图 3-29　承台最终模型

3.4　创建桥墩

\\ 想一想

　　桩基础、混凝土垫层、承台等构件都是规则的图形，可通过"拉伸"和"空心拉伸"命令绘制得到，而桥墩由不规则的图形构成，还可以使用"拉伸"命令吗？若不可以，使用什么命令可以更好地完成绘制呢？

3.4.1　创建族文件

　　混凝土桥墩族属于桥梁下部结构柱构件，因而可使用公制结构柱族样板创建族。选中 Revit 图标，进入 Revit 主界面，依次按照顺序点击"族"→"新建"→"公制结构柱"族样板→"打开"→"保存"→"混凝土桥墩族"。

3.4.2　绘制墩柱主体并设置参数

　　进入"项目浏览器"选项栏中的"楼层平面"，选中"低于参照标高"。点击"深度"，将其数值调整为 1200mm，点击"宽度"，将其数值调整为 2000mm。点击"融合"，进入"修改｜创建融合底部边界"编辑状态。选择"矩形"，在绘图区域空白处任意位置绘制一个任意大小的矩形，如图 3-30 所示。选择"对齐"，点击水平参照平面，然后选择矩形边线，此时出现一把锁头，无需点击锁头，即不进行锁定。同样的操作进行 4 次，即矩形 4 条边线向 4 个参照平面对齐，如图 3-31 所示。由于墩柱的底部是带倒角的矩形，因此需点击"圆角弧"，选择绘图区域矩形角点的两条直线，然后移动光标，圆角弧随之移动。当位置合适时，单击鼠标左键以确定完成。点击临时尺寸，修改数值为 200mm，如图 3-32 所示。同样的命令操作 4 次，即矩形 4 个直角编辑为半径 200mm 的 4 个圆弧，如图 3-33 所示。

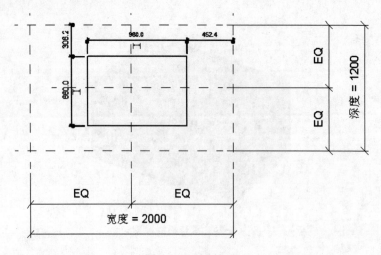

图 3-30　绘制矩形

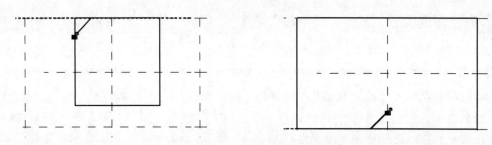

图 3-31　矩形边线向 4 个参照平面对齐

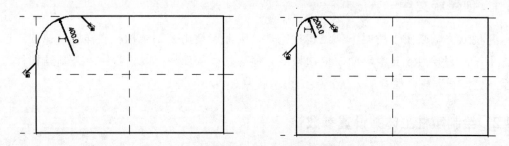

图 3-32　矩形左上角进行圆角编辑

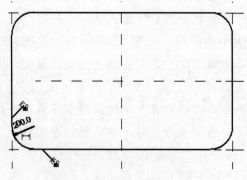

图 3-33　矩形进行圆角编辑

若已经绘制好一个参照平面，如何快速绘制与之对称的另外一个参照平面？绘制方法有哪些？

点击"编辑顶部轮廓"，进入"修改 | 创建融合顶部边界"编辑状态。为了更好地控制、管理混凝土墩柱顶部轮廓，绘制 2 个参照平面，重复以下操作："创建"→"参照平面"。顶部轮廓距离中心参照平面具体数值为 1800mm，如图 3-34 所示。选中刚绘制的竖向参照平面，点击"镜像"→"拾取轴"，拾取系统原有的竖向中心参照平面，绘制好 2 个竖向中心参照平面，如图 3-35 所示。接着，选择"矩形"，绘制如图 3-36 所示的矩形作为墩柱顶部轮廓。因为墩柱顶部和底部轮廓尺寸基本不变，此处只是将参考平面所在的位置作为参考位置，故不需要参数化，即不需要通过参照平面调整其尺寸大小。

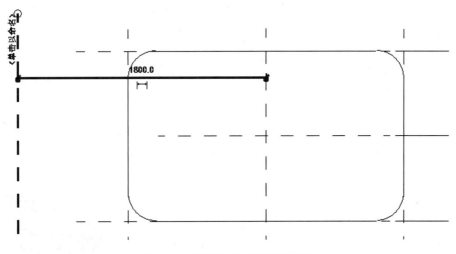

图 3-34　调整竖向参照平面位置

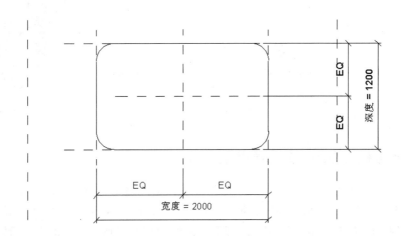

图 3-35　绘制 2 个竖向参照平面

当顶部轮廓、底部轮廓设置完成后，"修改 | 创建融合"编辑完成，点击"√"即可。

进入"项目浏览器"选项栏中的"立面—前",重复以下操作:"创建"→"水平参照平面"。对上面 2 个参照平面进行注释并添加参数属性。完成以上操作后,点击墩柱,将墩柱上、下边线进行锁定,如图 3-37 所示。此时点击"默认三维视图"查看墩柱主体模型,如图 3-38 所示。

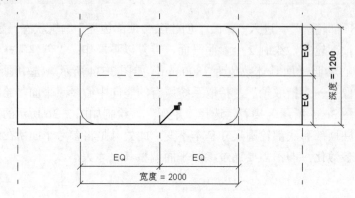

图 3-36 顶部轮廓与参照平面对齐

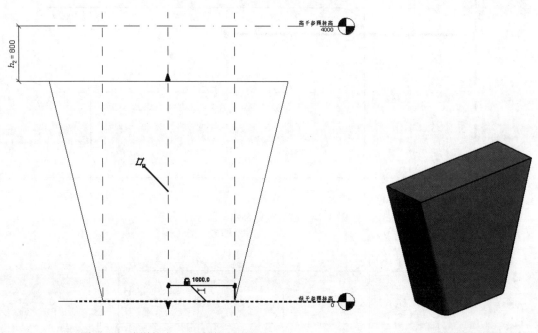

图 3-37 将墩柱上、下边线进行锁定   图 3-38 墩柱主体模型

3.4.3 绘制墩柱表面细部并设置参数

进入"项目浏览器"选项栏中的"立面—前",依次点击"创建"→"空心形状"→"空心拉伸",进入"修改 | 创建空心拉伸"编辑状态。选择"直线",进入绘图区域,点击空白处任意一点,输入 500mm,回车。选择刚绘制好的直线,点击"移动",捕捉直线中点,拖动光标至低于参照标高的中点。重复以上操作,绘制 1200mm 的上部直线。最后将这两条直线锁定在其所在位置的水平参照平面上,应注意的是此处一个参照平面上构件较多,需

按住【Tab】键切换选择，且只有直线锁定在其所在位置的水平参照平面上才能被系统控制，如图 3-39 所示。

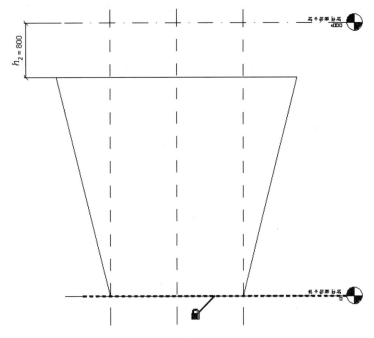

图 3-39 绘制 500mm 与 1200mm 的直线并锁定

选择"起点—终点—半径弧"，进入绘图区域，依次捕捉 1200mm 直线的左端点和 500mm 直线的左端点，然后拖动光标，当圆弧形状接近时，点击鼠标左键，按两次【Esc】退出圆弧命令操作，选择此处临时标注，输入圆弧半径 6000mm，回车。选中刚绘制的圆弧，点击"镜像—拾取轴"，拾取系统原有的竖向中心参照平面，绘制好 2 个圆弧，如图 3-40 所示。

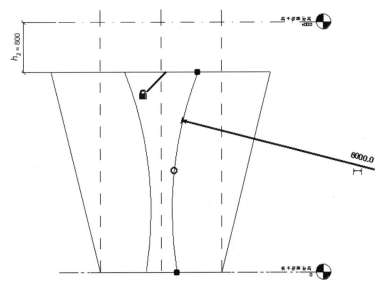

图 3-40 绘制 2 个圆弧

以上操作完成后，"修改 | 创建空心拉伸"编辑完成，点击"√"，如图 3-41 所示。

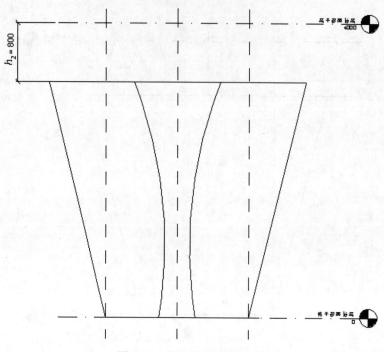

图 3-41　空心拉伸编辑完成图

　　为了控制空心拉伸构件的厚度，再次进入"项目浏览器"选项栏中的"楼层平面"，选中"低于参照标高"，如图 3-42 所示。重复以下操作："创建"→"水平参照平面"，修改临时尺寸数值为 50mm，此时不需要进行注释和参数化。通过"镜像—拾取轴"绘制上面的水平参照平面，如图 3-43 所示。通过"复制"命令将空心拉伸构件复制到上面水平参照平面附件位置，如图 3-44 所示。接着，选择其中一个空心拉伸构件，将其上、下两个三角形分别拖动至空心拉伸构件附件的两个水平参照平面上，则完成剪切；对另外一个空心拉伸构件进行同样的操作，如图 3-45 所示。完成剪切后，可以点击"默认三维视图"查看墩柱模型的剪切效果，如图 3-46 所示。

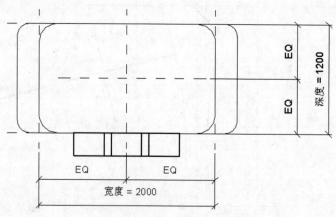

图 3-42　低于参照标高视图

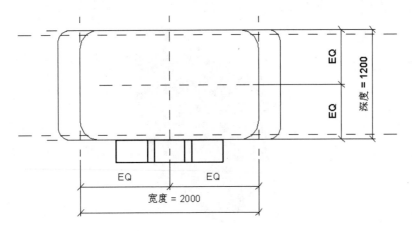

图 3-43 绘制 2 个水平参照平面

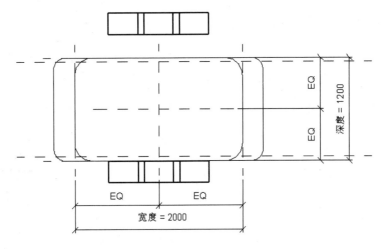

图 3-44 空心拉伸构件复制

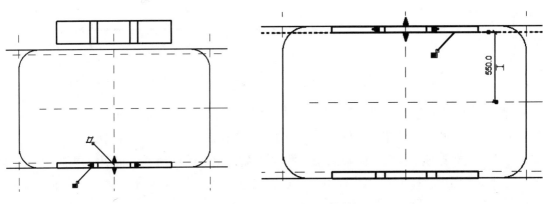

图 3-45 空心拉伸构件与主体剪切

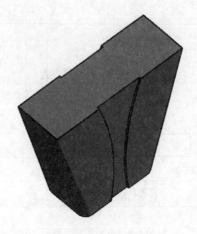

图 3-46　墩柱模型

3.4.4　绘制墩帽并设置参数

进入"项目浏览器"选项栏中的"天花板平面"，选中"低于参照标高"。点击"拉伸"，进入"修改 | 创建拉伸"编辑状态。选择"矩形"，进入绘图区域，点击左上角两个参照平面的交点，然后点击右下角两个参照平面的交点，此时出现 4 把锁，无需进行锁定，如图 3-47 所示，点击"√"。

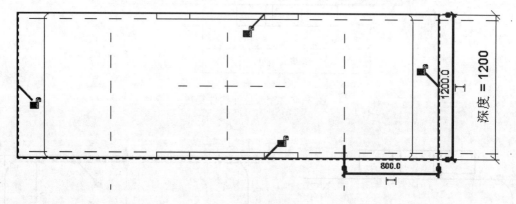

图 3-47　墩帽轮廓

对墩帽厚度进行控制设置。进入"项目浏览器"选项栏中的"立面—前"，如图 3-48 所示。为了对厚度进行控制，而不受到之前绘制好的墩柱下半部分的影响，选中墩柱下半部分，点击状态栏"临时隐藏"中的"隐藏图元"将其隐藏，如图 3-49 所示。将墩帽顶部、底部与对应的参照平面进行锁定，如图 3-50 所示。完成后，点击状态栏"临时隐藏"中的"重设隐藏图元"，查看模型，如图 3-51 所示。

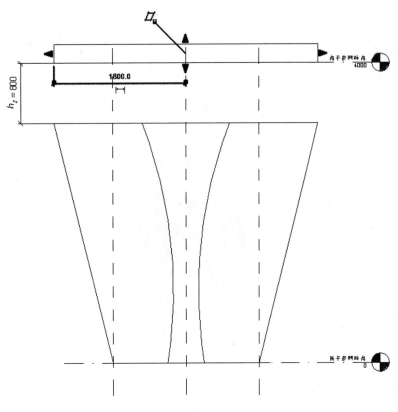

图 3-48　立面的前视图

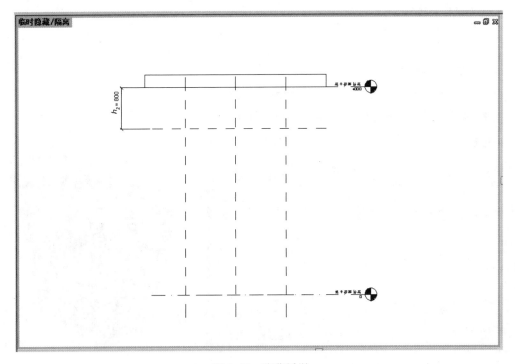

图 3-49　隐藏桥墩

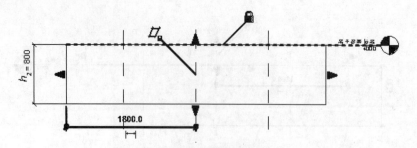

图 3-50　墩帽厚度控制

图 3-51　桥墩模型

点击"属性"选项栏中的"族类型"，如图 3-52 所示，设置桥墩模型的着色、材质等参数，最终模型如图 3-53 所示。

图 3-52　桥墩族参数

图 3-53　桥墩最终模型

3.5 创建基础

\\ 想一想

基础包括桩基础、混凝土垫层、承台等，是一个整体构件，若能作为一个组合族，是否能载入项目中作为一个整体进行管理，更好地去为模型服务呢？

3.5.1 创建族文件

基础属于桥梁下部结构基础构件，因而可使用公制结构基础族样板创建族。选中 Revit 图标，进入 Revit 主界面，依次按照顺序点击"族"→"新建"→"公制结构基础"族样板→"打开"→"保存"→"基础组合族"。

3.5.2 创建组合族并设置参数

进入"项目浏览器"选项栏中的"楼层平面"，选中"参照标高"。选择"载入"选项栏中的"载入族"，打开前面创建的桩基础族。此外，还应载入混凝土垫层族、承台族。首先，载入承台族：进入"项目浏览器"选项栏中的"结构基础"，点击"结构基础"下的"承台"，如图 3-54 所示。移动光标至最下面一个承台位置处，单击鼠标左键并拖动至绘图区域空白处，如图 3-55 所示。选中刚载入的承台，选择"对齐"，将承台中间水平参照平面、中间竖向参照平面相应与两个系统参照平面对齐，如图 3-56 所示。其次，利用同样的操作载入垫层族，使垫层的中间水平参照平面、中间竖向参照平面相应与两个系统参照平面对齐，如图 3-57 所示。

图 3-54 载入族并查找族   图 3-55 载入族至绘图区域

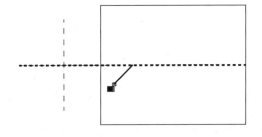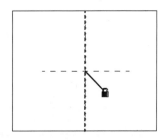

图 3-56 承台族与系统参照平面对齐并锁定

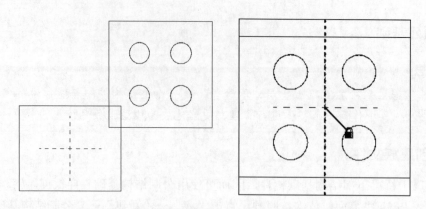

图 3-57 载入混凝土垫层族，与系统参照平面对齐并锁定

接着，载入桩基础。由于垫层桩孔和桩基础需准确对齐，故需设置参照平面将垫层桩孔和桩基础关联。点击"创建"→"参照平面"，对参照平面进行注释和参数化，如图 3-58 所示。其中水平注释为桩心距 a=1500mm，竖向注释为桩心距 b=1000mm。完成后，载入桩基础，通过"复制"命令将桩基础复制到参照平面交点处。选中桩基础，使用"对齐"命令使桩基础的中间水平参照平面、中间竖向参照平面相应与其关联的参照平面锁定，如图 3-59 所示。此后，将所有构件进行重设临时隐藏，效果如图 3-60 所示。

最后，对各个构件的厚度及其立面位置进行控制。进入"立面—前"，如图 3-61 所示，为了控制厚度，先将垫层、桩基础隐藏，选中承台，使用"对齐"命令将承台底部锁定于参照标高处。同样地，使用"对齐"命令将垫层顶部、桩基础顶部都锁定于参照标高，如图 3-62 所示。

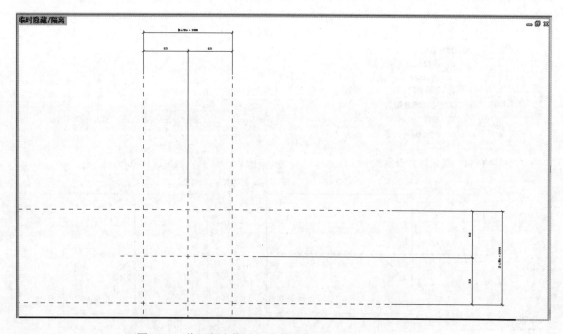

图 3-58 将混凝土垫层与承台隐藏并绘制、注释参照平面

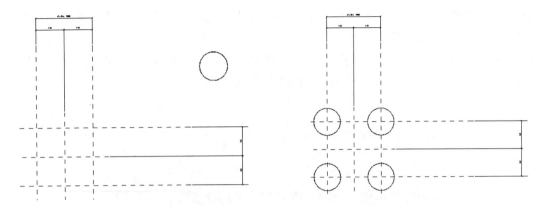

图 3-59　载入桩基础并对齐、锁定

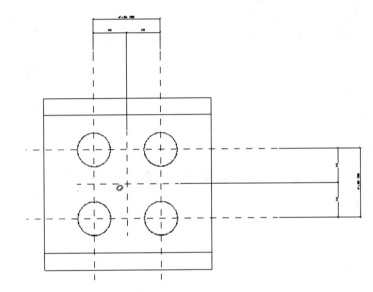

图 3-60　桩基础、承台、垫层组合

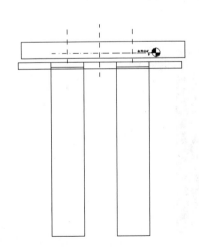

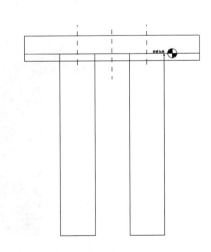

图 3-61　立面的前视图　　　　图 3-62　承台底部、垫层顶部、桩基础顶部锁定

完成以上操作后，通过设置参数把 3 个不同的构件关联起来。点击"属性"选项栏中的"族类型"并设置尺寸标注参数，如图 3-63 所示。重复以上操作，对桩基础、承台和垫层的各个参数进行关联。完成所有操作后，可以点击"默认三维视图"查看基础组合模型，如图 3-64 所示。此外，也可以通过修改参数验证模型的准确性。

图 3-63　基础组合族参数

图 3-64　基础组合族模型

创建桥台

3.6.1 创建族文件

选中 Revit 图标，进入 Revit 主界面，依次按照顺序点击"族"→"新建"→"公制结构基础"族样板→"打开"→"保存"→"桥台族"。

3.6.2 创建桥台底部承台并设置参数

利用"拉伸"以及"参照平面"命令绘制垫层，步骤："拉伸"→"创建"→"参照平面"→绘制 4 个参照平面→绘制（矩形）→点击"√"，如图 3-65 所示。其次，进入项目浏览器"立面一前"，如图 3-66 所示，修改其厚度。

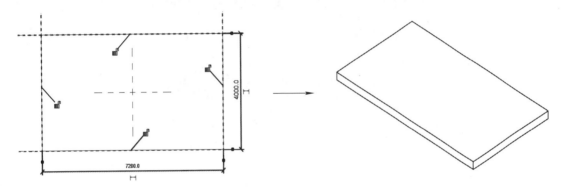

图 3-65 桥台底部承台模型

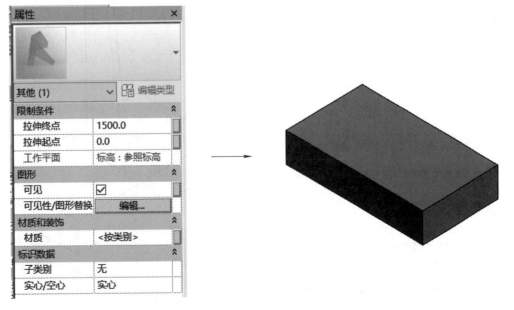

图 3-66 桥台底部承台厚度参数设置

3.6.3　创建桥台肋板并设置参数

利用"拉伸"以及"参照平面"命令绘制桥台中间层，步骤："拉伸"→"工作平面"→"参照平面：中心（左 / 右）"（图 3-67）→"绘制"（直线），尺寸分别为 1160mm、840mm、6800mm、1120mm→点击"√"。绘制效果如图 3-68 所示。

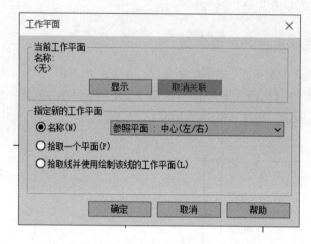

图 3-67　参照平面：中心（左 / 右）

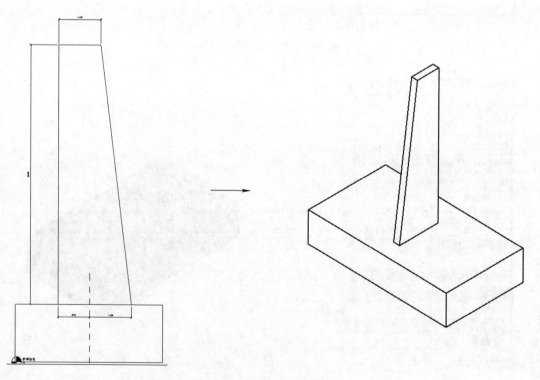

图 3-68　绘制肋板轮廓

进入"项目浏览器"选项栏中的"楼层平面"，选中桥台肋板，切换为"楼层平面—参照标高"属性，调整视图范围，如图 3-69 所示，目的是将桥台肋板在参照标高中显示出来。

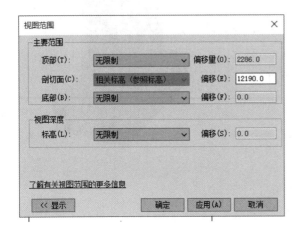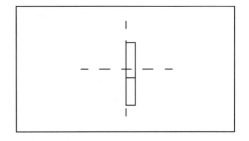

图 3-69　调整视图范围

移动并绘制好另外一个桥台肋板。进入"项目浏览器"选项栏中的"前立面"，创建 3 个"参照平面"，尺寸分别为 1900mm、400mm、400mm。点击第一个桥台肋板并拖动到相应位置，如图 3-70 所示。应用"镜像—拾取轴"命令绘制第二个桥台肋板，如图 3-71 所示。

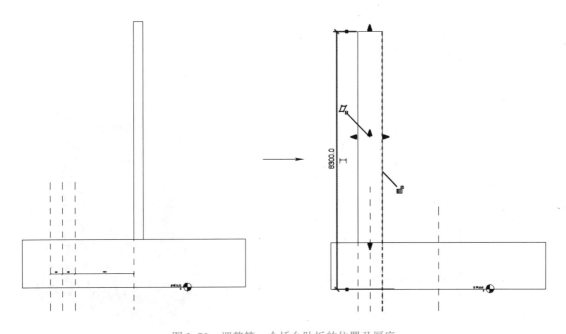

图 3-70　调整第一个桥台肋板的位置及厚度

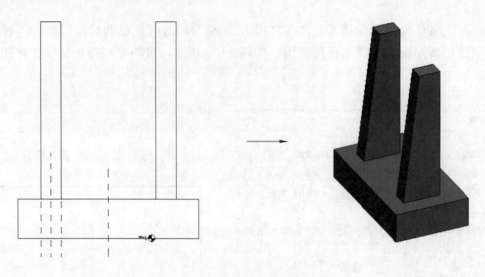

图 3-71　绘制第二个桥台肋板

3.6.4　创建桥台顶部主体并设置参数

利用"拉伸"命令绘制桥台顶部主体。步骤："拉伸"→"工作平面"→"参照平面：中心（左 / 右）"→"绘制"（直线或者矩形）→"修剪"，尺寸分别为 1120mm、1700mm、500mm、700mm、50mm→点击"√"。进入"三维视图"，选中桥台顶部主体，对其进行左右拉伸，如图 3-72 所示。

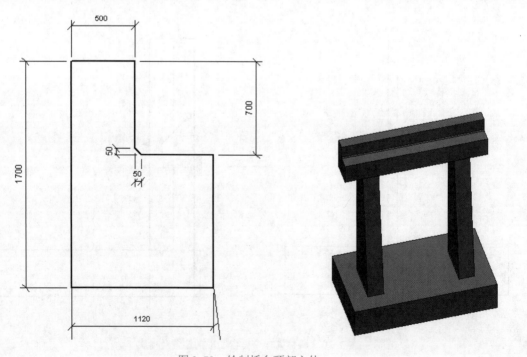

图 3-72　绘制桥台顶部主体

调整桥台顶部主体的长度。进入项目浏览器"立面—前"，创建两个参照平面，与中心参照平面之间距离为 3620mm，将桥台上层两端移至刚创建好的参照平面上，如图 3-73 所示。

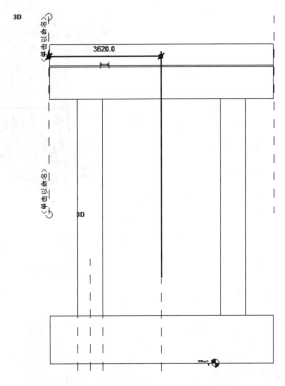

图 3-73　调整桥台顶部主体长度

3.6.5　创建耳墙并设置参数

利用"拉伸"以及"参照平面"命令绘制耳墙。具体步骤："创建"→"工作平面"（设置）→"拾取一个平面"→"拉伸"→"绘制"（拾取线、直线）→点击"√"，绘制效果如图 3-74 所示。进入项目浏览器"立面—前"，修改其厚度为 400mm，并利用"镜像—拾取轴"命令绘制第二个耳墙，如图 3-75 所示。

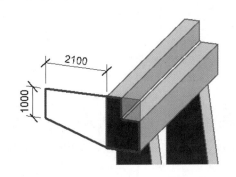

图 3-74　绘制耳墙轮廓

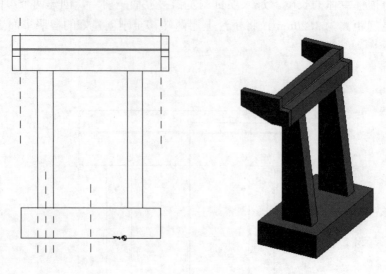

图 3-75　调整耳墙厚度并绘制第二个耳墙

利用"拉伸"命令绘制挡块轮廓，具体步骤："拉伸"→"绘制"（拾取线、直线）→"修剪"→点击"√"。进入项目浏览器"立面—前"，修改其厚度为400mm，并利用"镜像—拾取轴"命令绘制第二个挡块，如图 3-76 所示。

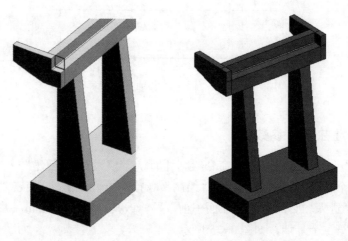

图 3-76　绘制挡块

3.6.6　创建垫石并设置参数

进入"项目浏览器"选项栏中的"楼层平面"，选中"参照标高"。利用"拉伸"命令绘制垫石轮廓，具体步骤："拉伸"→"绘制"（拾取线、直线），尺寸分别为80mm、140mm、200mm→"修剪"→点击"√"。修改其位置，设置厚度为40mm，利用"镜像—拾取轴"命令绘制第二个垫石，如图 3-77 所示。

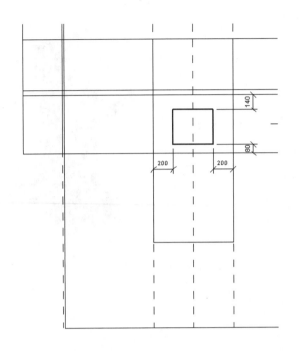

图 3-77　绘制垫石

3.6.7　创建支座并设置参数

由于支座具有典型性，可重复使用，因此可单独创建族，作为一个内嵌族应用。新建族，具体步骤："新建"→"族"→"基于面的公制常规模型"→"打开"→"保存"→"支座族"。

进入"项目浏览器"选项栏中的"楼层平面"，选中"参照标高"。利用"拉伸"命令绘制支座，具体步骤："拉伸"→"绘制"（圆）→"锁定圆心并对直径参数化"（实例）→点击"√"。进入"项目浏览器"选项栏中的"前立面"，创建 1 个参照平面并对厚度参数化（实例），将支座上、下端固定于参照平面上，如图 3-78 所示。最后对结构材质进行类型参数关联。

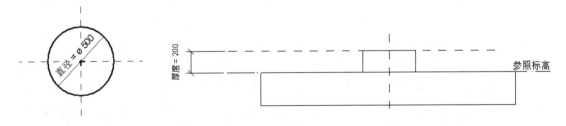

图 3-78　绘制支座轮廓

将支座族载入桥台族。具体步骤：支座族中设置共享→载入项目→选择桥台族→放置在面上→放置于垫石顶面上→修改支座直径为 300mm、厚度为 100mm。进入"项目浏览器"选项栏中的"楼层平面"，选中"参照标高"。利用"对齐"命令调整支座中心位置，使其与垫石重合，利用"镜像—拾取轴"命令绘制第二个支座，如图 3-79 所示。

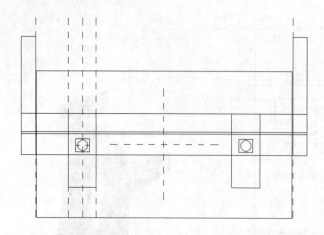

图 3-79　绘制支座

梦想从学习开始，事业从实践起步

上海市济阳路快速化改建工程

　　上海市济阳路快速化改建工程，主要包括主线高架、新建匝道、老桥拆除、顶升改建等。本项目包括下部结构在内，全线采用预应力拼装工艺施工，由于构件体型大、质量大（质量最大的一个预制构件重达 240t），且构件施工精度要求控制在 ±2mm 范围内，在生产、运输、吊装的每个环节都需要确保准确无误，施工难度非常大。参与本项目的预制构件厂利用数字化信息管理系统，实现了预制构件的线上管理、数字化生产；在现场使用机器人自动测量放样，指导并自动校准预制构件的安装位置；最后利用三维扫描仪对工程结构进行实体扫描，获取空间实体点的云模型，并将其与三维 BIM 模型进行比对，验证立柱的吊装精度。整个项目运用 BIM 建模、虚拟拼装、数字化加工、机器人自动测量、三维扫描验证等技术，并采用预制构件施工的事前、事中、事后三管齐下的管理模式，极大地提高了构件的生产质量及现场安装精度。综合利用 BIM 技术的协同管理模式，有效提高了施工效率，脱离了粗放式建设方式，推动工程项目全面进入了精细化全生命周期管理的新时代。

新的社会环境会随之带来新的价值观，在日新月异的建筑信息化时代背景下，需要全面提升全行业的职业道德并进一步弘扬工匠精神，强化土木工程的伦理建设，最终实现高效率、高品质工程项目的建设。

小 结

本章主要学习应用不同的族样板创建相应的族文件，重点学习如何绘制桩基础、混凝土垫层、承台、墩柱、桥墩、桥台，并将桩基础、混凝土垫层、承台、墩柱等不同构件组合得到桥墩族、桥台族。通过学习，应掌握"拉伸""空心拉伸""融合""对齐""复制""镜像"等命令的操作，并将族应用于项目文件当中。

习 题

1. 创建桩基础族时，应选用（　　）族样板。
   A．公制窗　　　　　　　　　　　　B．公制结构基础
   C．公制结构柱　　　　　　　　　　D．公制结构梁和桁架
2. 创建墩柱族时，应选用（　　）族样板。
   A．公制窗　　　　　　　　　　　　B．公制结构基础
   C．公制结构柱　　　　　　　　　　D．公制结构梁和桁架
3. 调整承台厚度，需在（　　）进行操作。
   A．楼层平面　　　　　　　　　　　B．低于参照标高
   C．高于参照标高　　　　　　　　　D．立面
4. 对某个圆半径进行注释并参数化前，首先需对该圆进行（　　）。
   A．对齐标注　　B．半径标注　　C．直径标注　　D．直线标注
5. 承台的绘制，可以使用（　　）命令。
   A．拉伸　　　　B．空心拉伸　　C．融合　　　　D．空心放样
6. 墩柱主体的绘制，可以使用（　　）命令。
   A．拉伸　　　　B．空心拉伸　　C．融合　　　　D．空心放样
7. 族样板文件的后缀名为（　　）。
   A．.rva　　　　B．.rft　　　　C．.rfa　　　　D．.rvt
8. 族文件的后缀名为（　　）。
   A．.rva　　　　B．.rft　　　　C．.rfa　　　　D．.rvt
9. 桩长设置参数时，一般设置为（　　）。
   A．一般参数　　B．特殊参数　　C．实例参数　　D．类型参数
10. 当需要控制 4 条不同直线的位置时，需要（　　）个参照平面。
    A．1　　　　　B．2　　　　　C．3　　　　　D．4

第4章 创建箱型梁桥

知识目标

1. 熟悉公制轮廓族、公制结构框架、公制常规模型、构造样板等。
2. 掌握箱梁的参照平面设置、标注、锁定等。
3. 熟练应用"放样""放样融合""空心放样""空心放样融合"进行箱梁建模。

能力目标

1. 能够进行现浇箱梁、预制箱梁的建族。
2. 学会创建护栏、桥面铺装等族并进行设置。
3. 能够进行箱梁桥项目的建模、参数化设计。

详细的操作过程视频，请扫描以下二维码：

视频 4-1　创建现浇箱梁族

视频 4-2　创建预制箱梁族

视频 4-3　创建箱梁护栏

视频 4-4　箱梁的架设

视频 4-5　桥面铺装的建立

知识导引

　　箱型梁桥是指主梁为薄壁闭合截面形式的一种梁式桥。由于其跨越能力较大，是常见的梁桥结构形式。

　　箱梁桥的结构较为复杂，二维方式难以直观地展示其空间关系，故需要利用三维可视化的方案提高桥梁建设的效率和精度。

　　利用 Revit 进行箱型梁桥的设计时，通常优先考虑箱梁的截面形状，进行族的创建。分步进行上部构件、下部构件族的创建，再进行项目的组合。以轴网、标高、参照平面为基础，运用参数化的方式建模可灵活调整模型方案，改进箱型梁桥的设计、施工和管理等工作。

\\ 想一想

建模中放置构件和内置构件有何不同？

4.1　创建现浇箱梁族

根据图 4-1 所示的现浇标准段箱梁图纸创建现浇箱梁族。

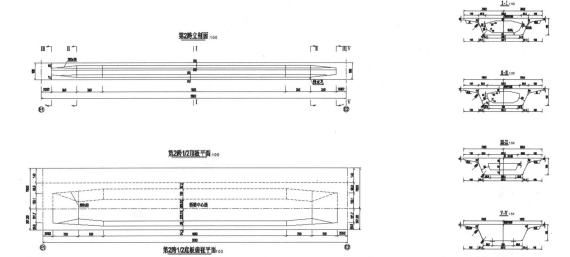

图 4-1　现浇标准段箱梁

4.1.1　创建族文件

桥梁工程中通常采用外部载入族创建箱梁族，方法如下。

在 Revit 操作界面中选择"新建"选项卡下的"族"，弹出如图 4-2 所示的对话框；选择"公制结构框架—梁和支撑"族样板并点击"打开"。

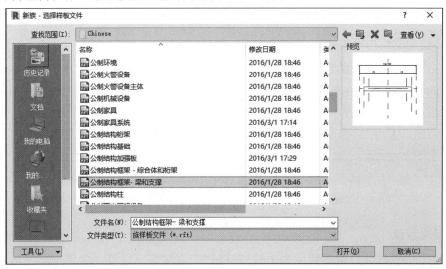

图 4-2　打开"公制结构框架—梁和支撑"族样板

打开族样板文件后，可获得系统默认的结构框架梁。如图 4-3 所示为梁的楼层平面视图，开启到"真实"模式后选中梁体，会发现梁被锁定到参照平面而无法移动。参照平面依次由左、左构件、单线示意符号左、中心、棍状符号右、右构件、右等组成。单线示意符号左至棍状符号右区间锁定的图形可用粗略模型显示。左右构件区间锁定了实体图形的边界，表示梁的净长。左右参照平面区间则控制实体图形的计算长度。箱梁桥主要采用左右构件的参照平面来绘制梁的图形，设计者可根据实际需要增减参照平面。

新建一个项目并将箱梁族载入项目时，梁的实体图形净长由造型操纵柄（三角符号）控制；实体图形的计算长度在族载入项目时由拖拽结构框架构件端点（梁端圆形符号）控制。

点击"默认三维视图"可切换到梁的三维显示状态，如图 4-4 所示。

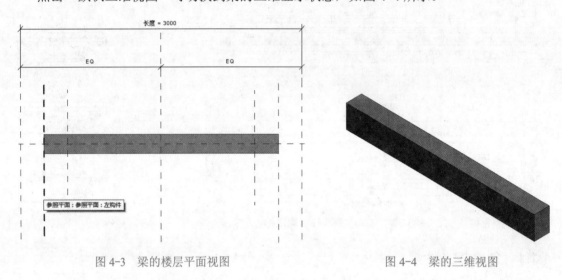

图 4-3　梁的楼层平面视图　　　　　　　　图 4-4　梁的三维视图

4.1.2　设置现浇箱梁参照平面

族文件创建完成后，根据图 4-1 进行箱梁的参照平面设置。箱梁由变截面段、固定截面段组成，其中变截面段长度不变。

1. 调整箱梁结构框架

删除软件默认设置的结构框架梁模型线；修改梁的尺寸标注"长度 =3000mm"为"30000mm"；调整构件左、右的距离，左构件与左参照平面距离设置为 500mm，右构件与右参照平面距离设置为 500mm；然后选中中心（前 / 后）的参照平面，点击"3D"切换成"二维范围 2D"，可将中心参照平面拉长并与左右构件相交，如图 4-5 所示。

图 4-5　调整箱梁结构框架

2. 箱梁定位

1）箱梁左侧端头封堵板长度为 1m，左构件作为端头。选择"参照平面"选项卡，在左构件的右侧绘制与其平行的参照平面 3—3 截面，选中此参照平面，将临时尺寸标注设置成 1000mm；在参照平面附近点击"临时尺寸线"，使此临时尺寸标注成为永久尺寸标注。选中尺寸标注后出现"开锁"按钮，点击"锁定"表示新建的参照平面与左构件间距永久固定为 1m，具体如图 4-6 所示。为了作图简洁，通常将锁定后的尺寸标注下移至适当位置。

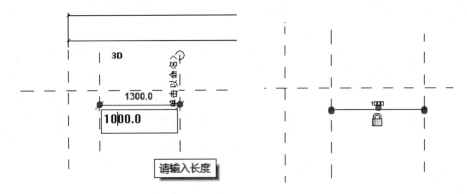

图 4-6　参照平面 3—3 截面

2）箱梁左侧 2—2 截面和 3—3 截面之间的长度为 2.5m。选中参照平面 3—3 截面，选择"复制"，在其右侧绘制参照平面 2—2 截面，设置临时尺寸标注为 2500mm，将其转换为永久尺寸标注并锁定。

3）箱梁左侧 2—2 截面和 1—1 截面之间的长度为 2.5m。此参照平面可采用复制或者新建参照平面的方式绘制，并进行标注、转换和锁定，如图 4-7 所示。

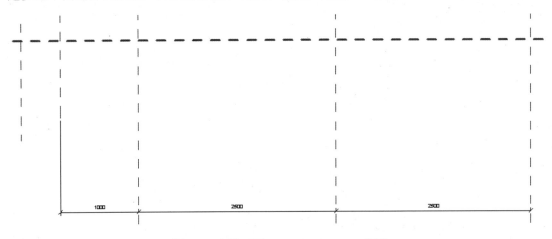

图 4-7　参照平面 3—3、2—2、1—1 截面

4）箱梁左右段长度关于中心（左 / 右）的参照平面对称，则箱梁右段的绘制可用"镜像"命令来完成。同时选中 1—1、2—2、3—3 截面位置处的参照平面和尺寸标注，点击"镜像"拾取中心（左 / 右）的参照平面，镜像后完成箱梁的截面定位，保存并命名族文件为"箱梁定位族"。

4.1.3　箱梁外轮廓族制作

箱梁族制作时需要对箱梁截面的轮廓进行绘制，一般通过建立和使用轮廓族的方式设置箱梁截面，避免在箱梁族中多次重复绘制轮廓。

在 Revit 操作界面中，选择"新建"选项卡下的"族"，弹出如图 4-2 所示对话框。选择"公制轮廓"族样板并点击"打开"。

如图 4-8 所示，根据箱梁 5—5 截面进行箱梁外轮廓的绘制，绘制方法如下。

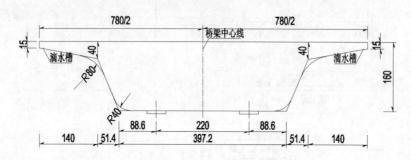

图 4-8　现浇箱梁 5—5 截面

1. 使用绘图工具选项卡进行轮廓绘制

进入"公制轮廓"族，选择"直线"选项卡下的绘制面板，使用"直线""圆弧"和"修改"等命令进行箱梁 5—5 截面的绘制，完成后使箱梁 5—5 截面顶部中点与参照平面中心重合。

2. 使用 CAD 底图的方式绘制轮廓

1）选择"插入"选项卡下的"导入 CAD"工具，弹出如图 4-9 所示对话框，找到"现浇标准段箱梁"CAD 设计文件。

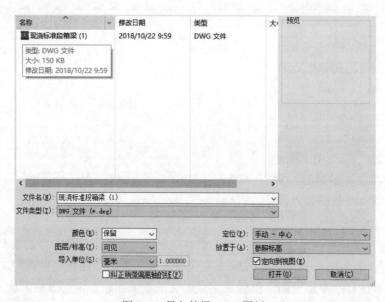

图 4-9　导入箱梁 CAD 图纸

图层可选择"可见"，单位通常与 CAD 图纸绘制时的单位保持一致，定位可使用"手动—中心"，放置于参照标高，取消"纠正稍微偏离轴的线"，选中"定向到视图"，点击"打开"进入轮廓族。

2）单击鼠标左键放置导入实体，选择"移动"，找到箱梁 5—5 截面的顶部中点，将此点移动到参照平面十字中心点，如图 4-10 所示。

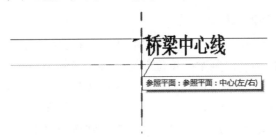

图 4-10　调整箱梁 5—5 截面至中心位置

3）选中 CAD 底图显示成蓝色状态，找到属性对话框中的"图形可见"（默认为选中），将其取消，表示此轮廓族插入箱梁族等其他项目中，此时 CAD 底图不可见。

4）找到"创建"，选择"直线"选项卡下的绘制面板，使用"拾取线"进行箱梁 5—5 截面的绘制。在 CAD 底图上拾取完整的轮廓线。拾取完成后选中 CAD 底图将其"临时隐藏"，此时移动光标至任意轮廓线上并按【Tab】键，可检查拾取的线是否完整，如图 4-11 所示为完整的蓝色轮廓。完成后保存族文件并命名为"箱梁 5—5 轮廓"。

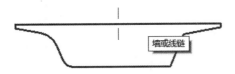

图 4-11　隐藏底图的箱梁 5—5 轮廓

4.1.4　箱梁内轮廓族制作

在 Revit 操作界面新建一个公制轮廓族。如图 4-12 所示，根据箱梁 1—1 截面进行箱梁内轮廓的绘制，绘制方法如下。

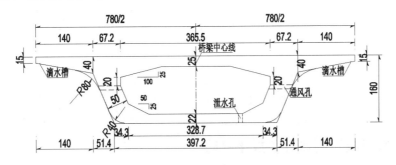

图 4-12　现浇箱梁 1—1 截面

1. 使用绘图工具选项卡进行轮廓绘制

进入"公制轮廓"族，选择"直线"选项卡下的绘制面板，使用"直线""圆弧"和"修改"等命令进行箱梁 1—1 截面内轮廓的绘制，完成后使箱梁 1—1 截面外轮廓顶部中点与参照平面中心重合。

2. 使用 CAD 底图的方式绘制轮廓

1）选择"插入"选项卡下的"导入 CAD"工具，找到现浇标准段箱梁，图层选择"可见"，单位通常与 CAD 图纸绘制时的单位保持一致（案例为 mm），定位可使用"手动—中心"，放置于参照标高，取消"纠正稍微偏离轴的线"，选中"定向到视图"，点击"打开"进入轮廓族。

2）单击鼠标左键放置导入实体，选择"移动"，找到箱梁 1—1 截面的外轮廓顶部中点，将此点移动到参照平面十字中心点。

3）选中 CAD 底图，找到属性对话框中的"图形可见"（默认为选中），将其取消。

4）找到"创建"，选择"直线"选项卡下的绘制面板，使用"拾取线"命令进行箱梁 1—1 截面内轮廓的绘制，在 CAD 底图上拾取完整的内轮廓线。拾取完成后选中 CAD 底图将其"临时隐藏"，此时移动光标至任意内轮廓线上并按【Tab】键，可检查拾取的线是否完整，如图 4-13 所示为封闭的 1—1 内轮廓。完成后可保存族文件并命名为"箱梁 1—1 内轮廓"。

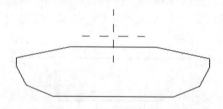

图 4-13　箱梁 1—1 内轮廓

5）采用同样方式对箱梁 2—2 截面内轮廓和 3—3 截面内轮廓进行建族并绘制，如图 4-14 所示，完成后保存族文件并命名为"箱梁 2—2 内轮廓"和"箱梁 3—3 内轮廓"。

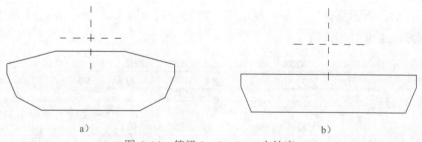

a)　　　　　　　　　　　　　　　　　　　　b)

图 4-14　箱梁 2—2、3—3 内轮廓

4.1.5　现浇箱梁模型制作及参数化驱动

箱梁的内外轮廓编辑完成后进行箱梁族的模型制作及参数化驱动，打开或者切换到已保存的"箱梁定位"族文件。

1. 箱梁外轮廓模型制作及参数化驱动

箱梁外轮廓包围的模型由左构件和右构件区间组成，模型长度由左右构件进行参数化驱动。

1）选择"创建"选项卡下的"放样"命令，使用"绘制路径"，选择绘制面板中的"直线"，在左构件和右构件之间绘制一条位于"中心（前后）"参照平面上的路径。

2）对路径进行锁定，实现参数化驱动，选择"对齐"命令，依次点击左构件参照平面、路径线左端圆点并锁定，对齐左构件锁定后如图 4-15 所示。

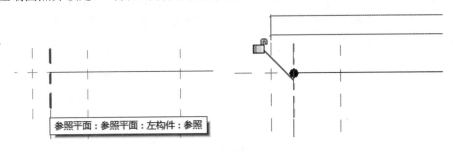

图 4-15　外轮廓实体路径

重复使用"对齐"命令，将右构件参照平面与路径线右端圆点锁定。同理将"中心（前后）"参照平面与路径线进行锁定，如图 4-16 所示。点击"完成编辑模式"，结束路径绘制。

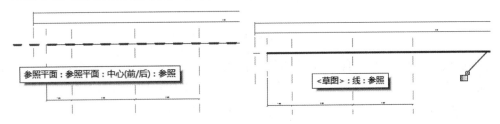

图 4-16　路径锁定

3）三维主视图观察轮廓放样路径，选中放样面板的"选择轮廓"选项卡，点击"载入轮廓"，找到"箱梁 5—5 轮廓"族文件，打开后如图 4-17 所示，点击"完成编辑模式"命令，箱梁外轮廓模型如图 4-18 所示。

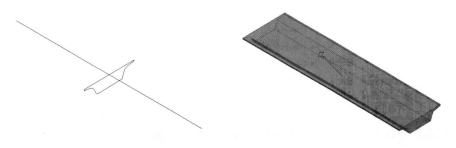

图 4-17　载入"箱梁 5—5 轮廓"族　　　　图 4-18　箱梁 5—5 外轮廓模型

此外也可采用如下方法载入轮廓：在"箱梁 5—5 轮廓"族中点击族编辑器面板的"载入到项目"命令，选择需要载入的项目，如"箱梁定位"族，选定后切换到"箱梁定位"族，选择此轮廓并完成编辑。

2．箱梁 1—1 内轮廓空心段模型制作及参数化驱动

打开或者切换到"箱梁定位"族文件，点击"项目浏览器"中楼层平面的参照平面，进入箱梁定位族的楼层平面视图。

1）选择"创建"选项卡下"空心形状"的"空心放样"（表示对箱梁的内室空间进行放样）。点击"绘制路径"，选择绘制面板中的"直线"，在箱梁 1—1 截面的左右参照平面之间绘制一条位于"中心（前后）"参照平面上的路径。

2）选择"对齐"，将路径锁定到三个参照平面上（箱梁 1—1 截面的左参照平面、左参照平面、"中心（前后）"参照平面），实现参数化驱动，如图 4-19 所示，点击"完成编辑模式"，结束路径绘制。

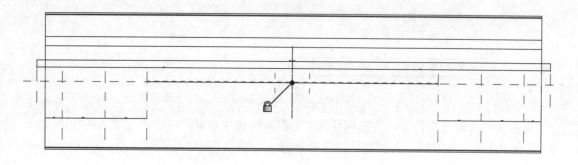

图 4-19　箱梁 1—1 内轮廓路径

3）切换至三维主视图的轮廓放样路径，选中放样面板的"选择轮廓"选项卡，点击"载入轮廓"，选择"箱梁 1—1 内轮廓"族文件，打开后选择此轮廓，如图 4-20 所示，点击"完成编辑模式"命令。箱梁 1—1 内轮廓模型如图 4-21 所示。

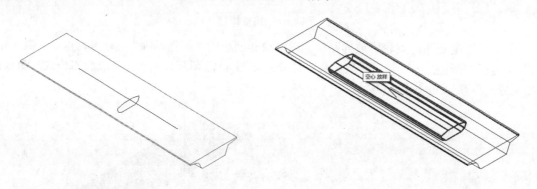

图 4-20　载入"箱梁 1—1 内轮廓"族　　　　　图 4-21　箱梁 1—1 内轮廓模型

3. 箱梁变截面 1—1 至 2—2 段内轮廓模型制作及参数化驱动

箱梁变截面段需使用"空心放样融合"命令，选择"项目浏览器"中楼层平面的参照平面，点击进入箱梁定位族的楼层平面视图。

1）选择"创建"选项卡下"空心形状"的"空心放样融合"（表示对箱梁的变截面空间进行放样）。点击"绘制路径"，选择绘制面板中的"直线"，在箱梁 1—1 截面左参照平面和箱梁 2—2 截面左参照平面之间绘制一条位于"中心（前后）"参照平面上的路径。

2）选择"对齐"，将路径锁定到三个参照平面上（箱梁 1—1 截面左参照平面、箱梁 2—2 截面左参照平面、"中心（前后）"参照平面），实现参数化驱动，如图 4-22 所示，点击"完成编辑模式"，结束路径绘制。

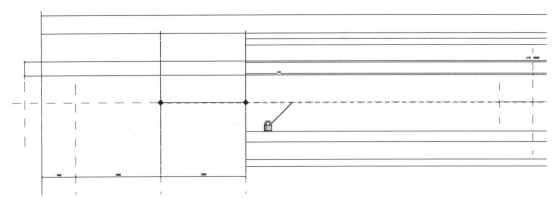

图 4-22 箱梁 1—1 和 2—2 区间内轮廓路径

3）三维主视图显示轮廓放样路径。选中放样面板的"选择轮廓 1"选项卡，点击"载入轮廓"，打开"箱梁 1—1 内轮廓"族文件，选择轮廓 1；再选中放样面板的"选择轮廓 2"选项卡，点击"载入轮廓"，找到"箱梁 2—2 内轮廓"族文件，打开后选择轮廓 2，如图 4-23 所示，点击"完成编辑模式"，此时左侧箱梁变截面 1—1 和 2—2 区间模型如图 4-24 所示。

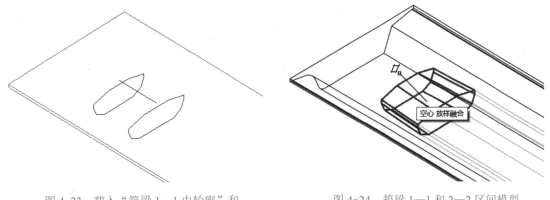

图 4-23 载入"箱梁 1—1 内轮廓"和
"箱梁 2—2 内轮廓"族

图 4-24 箱梁 1—1 和 2—2 区间模型

4. 箱梁变截面 2—2 至 3—3 段内轮廓模型制作及参数化驱动

箱梁变截面 2—2 至 3—3 段内轮廓同样使用"空心放样融合"命令，绘制此区间的路径并对齐、锁定路径，实现参数化驱动。箱梁 2—2 和 3—3 区间段如图 4-25 所示。

选中放样面板的"选择轮廓 2"选项卡，点击"载入轮廓"，找到"箱梁 2—2 内轮廓"族文件，打开后选择轮廓 2；再选中放样面板的"选择轮廓 3"选项卡，点击"载入轮廓"命令，找到"箱梁 3—3 内轮廓"族文件，打开后选择轮廓 3，如图 4-26 所示，点击"完成编辑模式"，此时左侧箱梁变截面 2—2 和 3—3 区间模型如图 4-27 所示。

右侧箱梁变截面1—1和2—2区间、2—2和3—3区间使用"空心放样融合"命令，采用与左侧箱梁变截面段相同的方式进行绘制，若采用"镜像"方式绘制，需进行路径锁定操作。完成整体箱梁的绘制后，平面视图如图4-28所示。

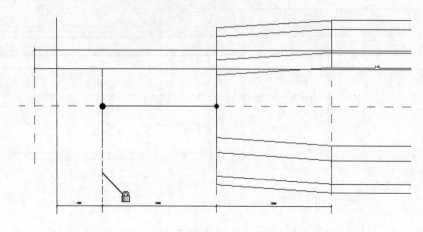

图 4-25　箱梁 2—2 和 3—3 区间内轮廓路径

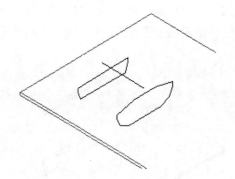

图 4-26　载入"箱梁 2—2 内轮廓"和
"箱梁 3—3 内轮廓"族

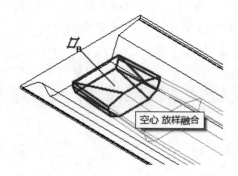

图 4-27　箱梁 2—2 和 3—3 区间模型

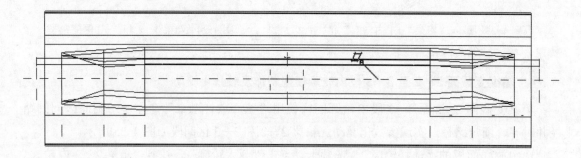

图 4-28　现浇箱梁平面视图

对箱梁进行材质关联，在"属性"对话栏中点击"材质关联"，选择"结构材质"并确定，保存模型并命名为"现浇标准段箱梁"。

4.2 创建预制箱梁族

根据预制箱梁的图纸创建预制箱梁族，图 4-29 为预制箱梁的立面图和平面图，图 4-30 为 *B—B*、*C—C* 截面。

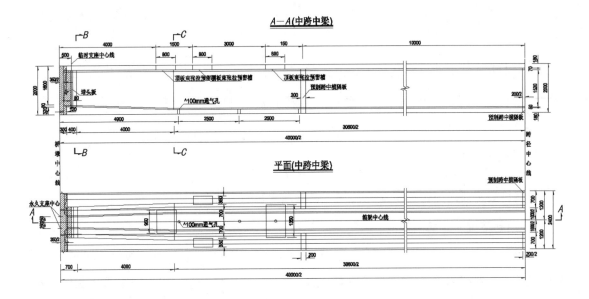

图 4-29 预制箱梁的立面图和平面图

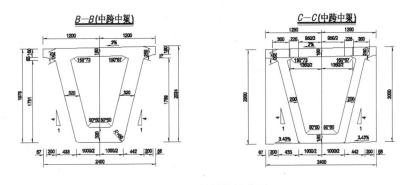

图 4-30 预制箱梁截面

4.2.1 创建预制箱梁族并设置

新建一个"公制结构框架—梁和支撑"族样板并打开，调整结构框架梁并根据预制箱梁的图纸进行各截面的参照平面设置，如图 4-31 所示。

族端参照平面左至左构件距离可任意调整，临时设置为 500mm。左构件至 *B—B* 左参照平面距离设置为 700mm，*B—B* 左参照平面至 *C—C* 左参照平面距离设置为 4000mm，将其更改为永久尺寸标注并锁定。利用"镜像"命令进行右侧对称设置。

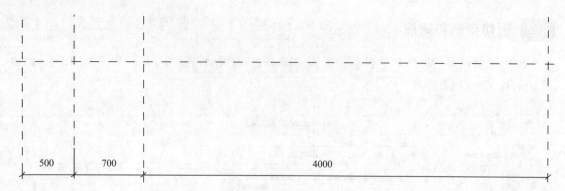

图 4-31　参照平面设置

4.2.2　预制箱梁轮廓族制作

预制箱梁主要由外轮廓和 *B—B*、*C—C* 截面内轮廓组成。

1. 预制箱梁外轮廓制作

新建一个"公制轮廓"族并打开；插入"预制箱梁轮廓"CAD 底图，图层选择"可见"，单位通常与 CAD 图纸绘制时的单位保持一致，定位可使用"手动—中心"，放置于参照标高，取消"纠正稍微偏离轴的线"，选中"定向到视图"，点击"打开"进入轮廓族。

关闭底图可见性，移动图纸使外轮廓顶部中点与参照平面中心重合，点击"创建"，选择"直线"选项卡下的绘制面板，拾取预制箱梁外轮廓线，如图 4-32 所示。完成后可保存族文件并命名为"预制箱梁外轮廓"。

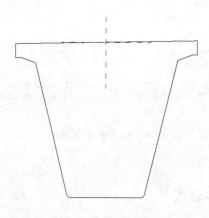

图 4-32　预制箱梁外轮廓

2. 预制箱梁内轮廓制作

内轮廓主要由 *B—B* 和 *C—C* 截面内轮廓组成，制作方式与外轮廓类似。绘制完成后如图 4-33 所示，保存族文件并命名为"预制箱梁 *B—B*、*C—C* 截面内轮廓"。

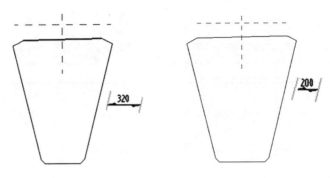

图 4-33 预制箱梁 *B*—*B*、*C*—*C* 截面内轮廓

4.2.3 预制箱梁主梁制作及参数化驱动

预制箱梁的内外轮廓编辑完成后，可进行箱梁族的模型制作及参数化驱动，打开或者切换到已保存的"预制箱梁定位"族文件。

1. 预制箱梁外轮廓段模型制作及参数化驱动

外轮廓所包围的模型在左构件至右构件区间进行制作和参数化驱动。使用"放样"命令，绘制此区间的路径并对齐锁定路径。外轮廓段放样路径如图 4-34 所示。

图 4-34 外轮廓段放样路径

载入"预制箱梁外轮廓"，选择此轮廓；点击"完成编辑模式"命令，外轮廓区间模型如图 4-35 所示。

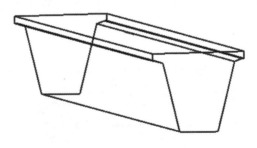

图 4-35 轮廓段模型

2. 预制箱梁 *C*—*C* 内轮廓段模型制作及参数化驱动

C—*C* 内轮廓段是在 *C*—*C* 左参照平面和 *C*—*C* 右参照平面区间进行制作和参数化驱动。使用"空心放样"命令，绘制此区间的路径并对齐锁定路径。*C*—*C* 区间路径如图 4-36 所示。

载入"预制箱梁 *C*—*C* 轮廓"，选择此轮廓；完成编辑，*C*—*C* 区间模型如图 4-37 所示。

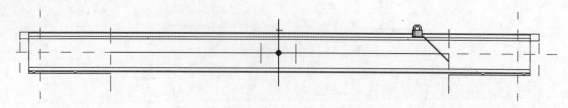

图 4-36 *C—C* 区间路径

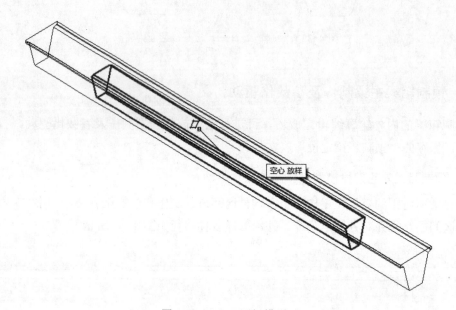

图 4-37 *C—C* 区间模型

3. 预制箱梁 *B—B* 至 *C—C* 段模型制作及参数化驱动

左段箱室在 *B—B* 左参照平面至 *C—C* 左参照平面区间进行制作和参数化驱动。使用"空心融合放样"命令，绘制此区间的路径并对齐锁定路径。载入相应的 *B—B*、*C—C* 轮廓完成绘制，如图 4-38 所示。

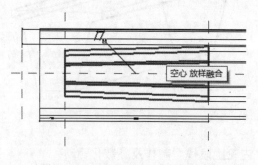

图 4-38 *B—B* 至 *C—C* 区间模型

右段箱室在 *B—B* 右参照平面至 *C—C* 右参照平面区间进行制作和参数化驱动，方法同左段箱室设置。

4. 预制箱梁 *B—B* 内轮廓段模型制作及参数化驱动

B—B 内轮廓左段箱室在左构件至 *B—B* 左参照平面区间进行制作和参数化驱动。使用"空心放样"命令，绘制此区间的路径并对齐锁定路径，如图 4-39 所示。选择"预制箱梁 *B—B* 轮廓"，完成模型，如图 4-40 所示。

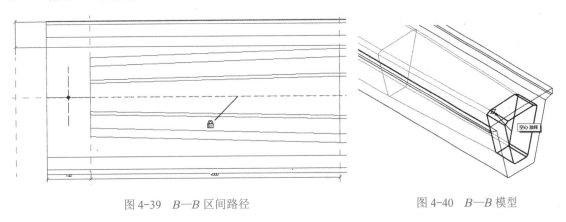

图 4-39　*B—B* 区间路径　　　　　　　　　图 4-40　*B—B* 模型

B—B 内轮廓右段箱室在右构件至 *B—B* 右参照平面区间进行制作和参数化驱动。方法同左段箱室。

4.2.4　预制箱梁横隔板制作

横隔板厚度为 200mm，其分布在跨中，堵头板在梁端位置。

1. 预制跨中横隔板

左侧、右侧分别绘制距离中心参照平面 100mm 的参照平面，标注并锁定。使用"放样"命令，绘制此区间的路径并对齐锁定路径。选择"预制箱梁 *C—C* 轮廓"，完成中心位置处的横隔板绘制，绘制过程如图 4-41 所示。其余位置处的横隔板参照此方法绘制。

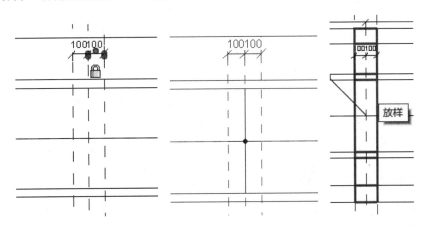

图 4-41　预制跨中横隔板

2. 堵头板

1）预制箱梁端头轮廓制作。根据 CAD 图纸识读端头轮廓尺寸，与箱梁外轮廓类似，采用"公制轮廓"族的方式绘制。注意移动端头轮廓底图的左上角点至参照平面十字中心线，绘制顶部、左侧、底部轮廓并适当扩大，保证剪切完整。完成后如图 4-42 所示，保存族文件并命名为"预制箱梁端头轮廓"。

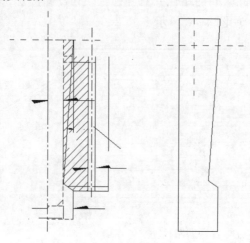

图 4-42　堵头板轮廓绘制

2）堵头板制作。使用"空心放样"命令，在左构件处绘制路径，如图 4-43 所示，路径长度适当大于梁宽，对齐时只将路径与左构件对齐，不需进行两端对齐。载入"预制箱梁端头轮廓"，点击"翻转"调整剪切方向，完成编辑，如图 4-44 所示。右侧堵头板的绘制方法同上，此处不再赘述。

图 4-43　端头放样路径

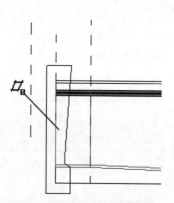

图 4-44　端头前立面剪切

4.2.5　预制箱梁预留槽的设置

绘制距离左构件 4000mm 的参照平面，使用注释对齐并锁定。复制此参照平面，平移 1500mm 标注并锁定，同样操作平移 3000mm、1500mm，如图 4-45 所示。

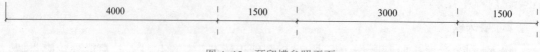

| 4000 | 1500 | 3000 | 1500 |

图 4-45　预留槽参照平面

绘制距离水平中心参照平面 475mm 的上、下两侧参照平面，以及距离方形预留槽右端 800mm 的参照平面，均使用注释对齐并锁定。使用"空心拉伸"命令，绘制左侧矩形预留槽，对四边进行锁定完成编辑，如图 4-46 所示。

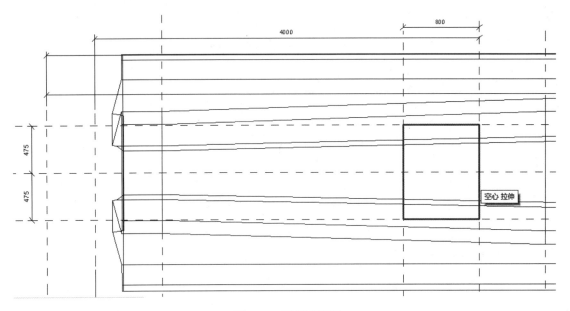

图 4-46 预留槽模型

进入三维主视图，如图 4-47 所示，选择空心拉伸操纵柄调整预留槽的深度。

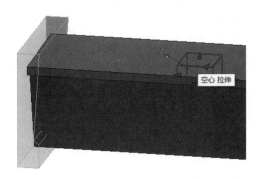

图 4-47 预留槽空心拉伸

同理，绘制完成其余预留槽。

4.3 创建箱梁护栏

4.3.1 创建箱梁护栏族

护栏的设置通常基于箱梁边和桥面，也需要对护栏截面的轮廓进行绘制。

在 Revit 操作界面中找到"新建"选项卡下的"族"，选择"基于线的公制常规模型"

族样板并点击"打开",如图 4-48 所示,保存模型并命名为"侧边护栏"。

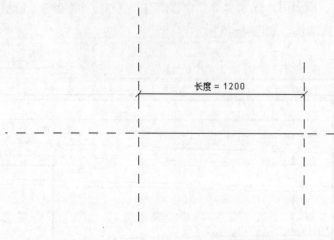

图 4-48　基于线的公制常规模型

4.3.2　箱梁上部护栏的设置

1. 侧边护栏轮廓的设置

1)新建一个公制轮廓族,并点击"打开",使用 CAD 底图的方式绘制轮廓。选择"插入"选项卡下的"导入 CAD"命令,找到侧边护栏轮廓,图层选择"可见",单位与 CAD 图保持一致,定位"手动—中心",放置于参照标高,取消"纠正稍微偏离轴的线",选中"定向到视图",点击"打开"进入轮廓族。

2)单击鼠标左键放置导入实体,选择"移动"命令,找到侧边护栏轮廓底边内角点,如图 4-49 所示,将此点移动到参照平面十字中心点,此点为放置护栏的参照位置。

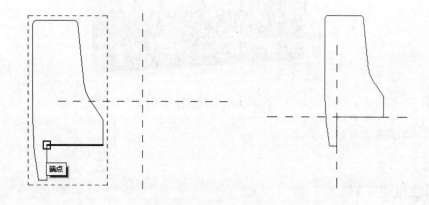

图 4-49　移动底图轮廓至中心点

3)选中 CAD 底图,找到"属性"对话框中的"图形可见"(默认为选中),将其取消。

4)找到"创建",选择"直线"选项卡下的绘制面板,使用"拾取线"命令进行侧边护栏轮廓的绘制,在 CAD 底图上拾取完整的内轮廓线并检查其是否完整,保存族文件并命名为"侧边护栏轮廓"。

2. 侧边护栏建模

1）打开或者切换到"侧边护栏"族文件，进入三维主视图。在创建菜单中选择"放样"命令，点击"拾取路径"，选择主视图中的默认参照线，如图 4-50 所示。

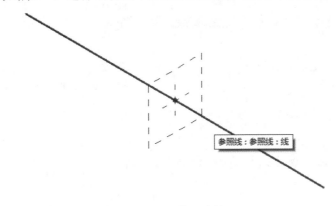

图 4-50　拾取路径

2）点击"完成编辑模式"，结束路径绘制。注意：默认的参照线已被锁定，拾取参照线为路径后不需再进行锁定操作。

3）选中"放样"面板的"选择轮廓"选项卡，点击"载入轮廓"，找到"侧边护栏轮廓"族文件，打开后选择此轮廓，如图 4-51 所示，点击"完成编辑模式"命令，侧边护栏模型如图 4-52 所示。

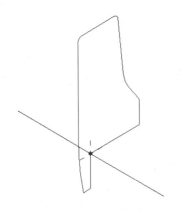

图 4-51　载入"侧边护栏轮廓"

图 4-52　侧边护栏模型

4）点击"族类型"，弹出"族类型"对话框，可以更改护栏的默认长度。

5）关联材质。关联方法有以下两种。

方法一：在属性栏中点击"材质"，在"关联族参数"对话框中点击"新建参数"，如图 4-53 所示。

方法二：点击"族类型"弹出对话框，再点击"新建参数"完成设置，然后在属性栏中点击"材质"，选中"结构材质"族参数，完成后保存族文件。注意："关联材质"可以对箱梁桥项目中载入的"护栏族"管理材质参数。

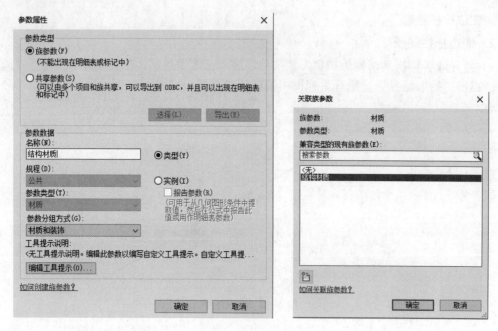

图 4-53　关联材质

4.4　箱梁的架设

4.4.1　创建箱梁桥项目

根据现浇标准段箱梁桥实例，创建一个桥梁桥项目，在图 2-4 所示对话框中选择构造样板、项目；进入楼层平面的场地视图，包含项目基点、测量点，可根据需要设置桥位。注意保存此项目文件并命名为"现浇标准段箱梁桥"。

4.4.2　箱梁桥标高、轴网、参照平面定位

在箱梁桥中通常使用参照平面定位桥梁。在楼层平面标高 1 中点击"参照平面"绘制桥梁的中心线、墩台基础的轴线位置，如图 4-54 所示。注意：在楼层平面的"属性"对话框中编辑视图范围，"视图深度"选择"无限制"，可观察到放置的基础、箱梁等构件。

图 4-54　箱梁桥的轴网定位

根据第 3 章已建立的桥梁下部结构，打开"桥墩""桩基础""承台"和"支座"等族并载入到项目，将这些族放置到已设置参照平面或轴网的现浇标准段箱梁桥项目中，如图 4-55 所示。

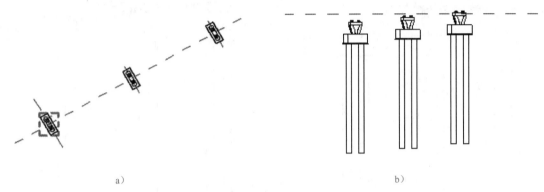

a)　　　　　　　　　　　　　　　　b)

图 4-55　箱梁桥下部结构定位

a）平面　b）北立面

4.4.3　现浇箱梁的架设

在现浇标准段箱梁桥的项目中选择"结构"功能区的"梁"选项卡，会出现"修改→放置梁"状态；此时点击"载入族"将现浇标准段箱梁族文件载入，则左侧属性栏会出现所载入的箱梁族。点击进入楼层平面的标高 1 处，把箱梁放置在桥位中心轴线的桥墩两端，分 2 跨放置，如图 4-56 所示。

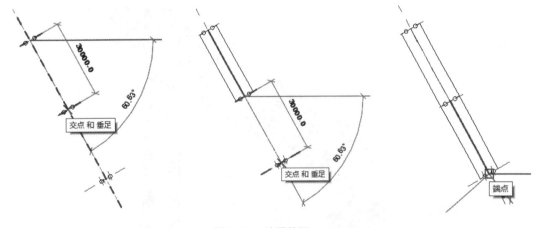

图 4-56　放置箱梁

放置后需调整箱梁标高，可在南立面视图中选中左跨箱梁，在属性栏的"起点标高偏移"输入"32025mm"，"终点标高偏移"输入"30775mm"。右跨箱梁属性栏的"起点标高偏移"输入"30775mm"，"终点标高偏移"输入"29525mm"。注意：关于箱梁高程的数据，可在项目中选择"注释"功能区的"高程点"选项卡，移动到绘图区桥墩支座处可显示所需要的高程数据，由箱梁高度 1.6m 换算箱梁端点的顶面高程。

完成对箱梁的架设，如图 4-57 所示。

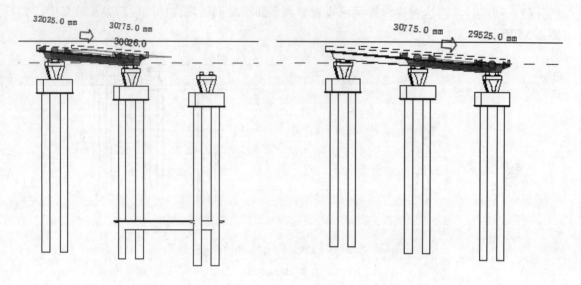

图 4-57　箱梁的架设

4.4.4　护栏的建立

在"建筑"选项卡下找到"放置构件"，然后点击"载入族"，将侧边护栏载入到项目；在放置栏目处选中"放置在面上"；在绘图区的箱梁顶板端点用"直线"绘制护栏，如图 4-58 所示。

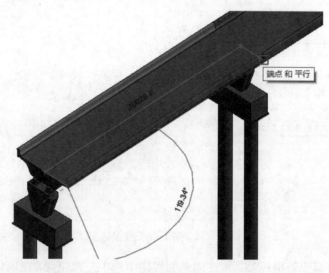

图 4-58　护栏的建立

对护栏进行材质关联。选中护栏，点击"类型属性"，弹出"类型属性"对话框，找到护栏材质"值"并点击"功能"后进入"材质浏览器"对话框，如图 4-59 所示，选择"混凝土"材质，点击"确定"。

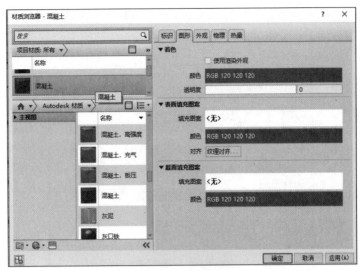

图 4-59　护栏材质

4.5　桥面铺装的建立

4.5.1　箱梁桥面板的设置

通常桥面铺装与房建的楼板类似，可采用梁或者楼板的方式进行桥面铺装的设置。采用楼板的方式如下：

1）进入标高 1 视图，在"建筑"或者"结构"选项卡下找到"楼板"，点击"楼板：结构"，在属性栏点击"编辑类型"，在"类型属性"对话框点击"复制"，命名为"桥面铺装—混凝土"，默认的楼板厚度如图 4-60 所示。

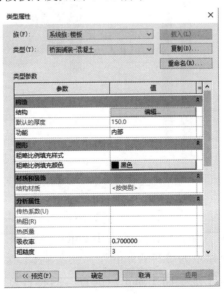

图 4-60　桥面铺装—混凝土

点击"编辑"，图 4-61 表示铺装结构层为现浇混凝土，厚度设置为 100mm，点击"确定"，回到主绘图界面。

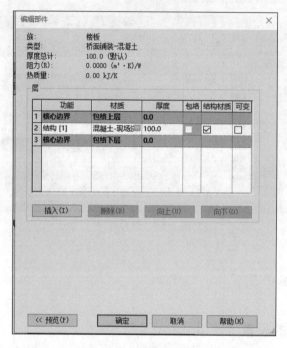

图 4-61 桥面铺装结构

2）在绘图面板点击"拾取线"，拾取箱梁顶板的边界线，可用"直线""修剪"等命令辅助绘制，点击"跨方向"后完成编辑，如图 4-62 所示。

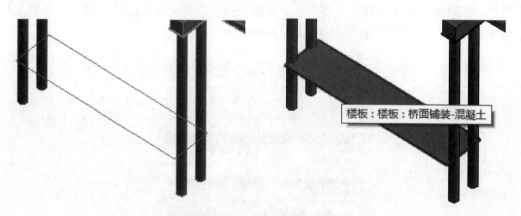

图 4-62 桥面铺装绘制

3）桥面板标高调整。选中桥面板，在形状编辑面板点击"修改子图元"，对右跨箱梁桥面铺装 4 个角点进行标高调整。桥面厚度为 100mm，则左侧两个角点标高"立面"设置为"30875mm"，右侧两个角点为"29625mm"，如图 4-63 所示。

左跨箱梁绘制同上，可自行练习绘制。

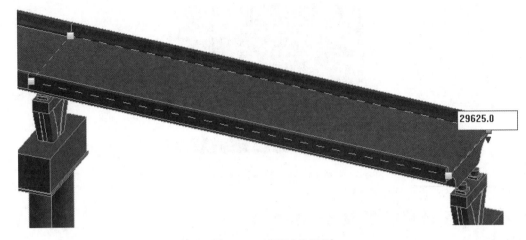

图 4-63　桥面铺装标高

4.5.2　箱梁防水板的设置

如果桥面铺装设置防水横坡度，则考虑采用如下方法。

1）在"建筑"选项卡下点击"设置"，在"工作平面"对话框中选中"拾取一个工作平面"，拾取左跨箱梁端部轮廓立面为工作平面，再点击"显示"，可观察拾取的工作平面，如图 4-64 所示。

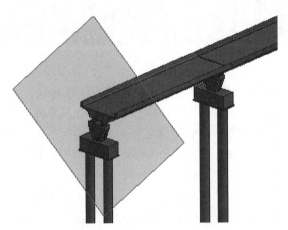

图 4-64　拾取工作平面

2）点击"结构"选项卡下"构件"的"内建模型"，在"族类型和族参数"对话框找到楼板点击"确定"，命名为"桥面铺装"。

3）在"创建"选项卡中使用"拉伸"命令，采用"绘制""修改"面板等在参照平面上绘制桥面铺装横断面轮廓。如图 4-65 所示，中心板厚为 150mm，两边铺装厚度为100mm；拖动拉伸造型操作柄至箱梁两端位置处，点击"完成模型"后关联结构材质为现浇混凝土。

图 4-65　设置防水横坡桥面板

梦想从学习开始，事业从实践起步

新沂河特大连续梁桥

　　新沂河特大连续梁桥为单箱单室混凝土箱梁桥，该桥在设计过程中基于 BIM 的参数化设计特点，首先根据施工图纸、施工专项方案等资料，采用参数化建模策略创建了多元的桥梁族库，建立了场地模型、结构模型及上部结构的钢筋模型；其次，开展了钢筋的碰撞检查和施工过程的碰撞分析，用以优化桥梁的设计方案；然后基于 BIM 模型，模拟了施工现场的布置方案，形成 3D 施工文档用于可视化交底，并将 BIM 模型与施工监测相结合，实现了桥梁施工监测布置方案的可视化；最后，针对传统的施工进度管理模式所存在的问题，开展了全过程的 4D 施工进度模拟与施工进度管理研究。

　　BIM 技术是实现工程项目信息化的重要技术手段之一，在未来，BIM 技术将更加规范、全面地应用到建筑的全生命周期管理中。同学们要乘风破浪、主动学习，迎接新技术带来的新挑战。

小　结

　　本章主要介绍了箱梁族与项目的创建，现浇、预制箱梁族的绘制，公制轮廓族、公制结构框架、公制常规模型、构造样板在箱梁中的应用。重点学习了箱梁参照平面设置；外轮廊族、内轮廓族、箱梁模型制作及参数化驱动；预制箱梁横隔板制作；护栏、桥面铺装的制作方法。完成本章学习后，应在模型制作中熟练应用编辑修改、编辑族、工作平面等工具，完成箱梁桥项目的组建，提高箱梁桥工程的设计、建模、信息化管理能力。

习　题

1. 箱梁族模型的建立，选用以下（　　）族样板。

　A. 公制环境 　　　　　　　　　　　　B. 公制结构基础

　C. 公制结构柱 　　　　　　　　　　　D. 公制结构—梁和支撑

2. "公制结构—梁和支撑"族中，（　　）锁定了实体图形的边界，表示梁的净长。

　A. 单线示意符号区间 　　　　　　　　B. 中心

　C. 左、右参照平面区间 　　　　　　　D. 左、右构件区间

3. "公制结构—梁和支撑"族中，左、右参照平面区间控制了（　　）。

　A. 梁的全长 　　　B. 梁的计算长度 　　　C. 梁的高度 　　　D. 梁的宽度

4. 将箱梁族载入到项目中，则布置的梁由（　　）控制实体图形净长。

　A. 对齐 　　　　　　　　　　　　　　B. 造型操纵柄

　C. 直径标注 　　　　　　　　　　　　D. 拖拽结构框架构件端点

5. 将箱梁族载入到项目中，则布置的梁由（　　）控制实体图形的计算长度。

　A. 对齐 　　　　　　　　　　　　　　B. 造型操纵柄

　C. 移动 　　　　　　　　　　　　　　D. 拖拽结构框架构件端点

6. 箱梁族的建模需要对箱梁截面的（　　）进行绘制，使用（　　）样板对其进行设置。

　A. 轮廓，公制轮廓族 　　　　　　　　B. 箱梁内室，内置族

　C. 轮廓，墩台基础族 　　　　　　　　D. 箱梁内室，墩台基础族

7. 箱梁外轮廓实体采用（　　）命令，可通过"绘制路径"在左构件和右构件之间绘制一条位于"中心（前后）"参照平面上的路径。

　A. 拉伸 　　　　　　B. 放样 　　　　　C. 空心拉伸 　　　D. 空心放样

8. 箱梁等截面空心段模型制作可采用（　　）方式绘制。

　A. 放样融合 　　　B. 放样 　　　　　C. 空心放样融合 　D. 空心放样

9. 箱梁变截面空心段模型制作可采用（　　）方式绘制。

　A. 放样融合 　　　B. 放样 　　　　　C. 空心放样融合 　D. 空心放样

10. 预制箱梁的跨中横隔板采用（　　），绘制跨中相应区间的路径。

　A. 拉伸 　　　　　B. 放样 　　　　　C. 空心拉伸 　　　D. 空心放样

11. 预制箱梁预留槽的设置采用（　　）方式绘制。

　A. 拉伸 　　　　　B. 放样 　　　　　C. 空心拉伸 　　　D. 空心放样

12. 护栏的设置通常基于箱梁边和桥面，可使用（　　）族样板。

　A. 基于线的公制常规模型 　　　　　　B. 公制结构基础

　C. 公制结构柱 　　　　　　　　　　　D. 公制结构—梁和支撑

第 **5** 章　创建 T 型梁桥

知识目标

1. 了解公制结构框架—梁和支撑族、公制轮廓族样板的使用。
2. 掌握 T 梁马蹄形轮廓、普通 T 形轮廓、过渡段轮廓、横隔梁和后浇带的绘制方法。
3. 熟练应用"捕捉""放样""对齐""拉伸""镜像"等命令。

能力目标

1. 创建 T 梁马蹄形轮廓、普通 T 形轮廓、过渡段轮廓、横隔梁和后浇带。
2. 应用公制结构框架—梁和支撑族、公制轮廓族进行组合编辑得到 T 型梁桥结构。

详细的操作过程视频，请扫描以下二维码：

视频 5-1　创建马蹄形截面公制轮廓族　视频 5-2　创建 *A—A* 截面的实体中梁　视频 5-3　创建 T 梁封锚

视频 5-4　创建 T 梁横隔板　　　视频 5-5　创建 T 梁桥面板后浇带

知识导引

在软件中，公制结构框架—梁和支撑族通过三个参照平面调整梁体尺寸。轮廓族包含一个二维闭合环形状，可以将闭合环载入到项目中并应用于某些建筑图元。例如，可为栏杆扶手绘制轮廓环，并将该造型应用于项目中的扶手。

T 梁指横截面形式为 T 形的梁。两侧挑出部分称为翼缘，其中间部分称为梁肋（或腹板）。由于 T 梁相当于将矩形梁中对抗弯强度不起作用的受拉区混凝土挖去，因此除了与原有矩形抗弯强度完全相同外，既可以节约混凝土，又可减轻构件的自重，提高跨越能力。

T 梁截面受压区利用耐压的混凝土做成翼缘板并兼作桥面；受拉区用钢筋或预应力钢筋承受拉力。T 梁截面随着翼缘板的宽度增大，可使受压区高度减小，内力偶臂增大，使所需的受拉钢筋面积减小。判断一个截面是否属于 T 形截面，不是看截面本身形状，而是看其翼缘板是否参加抗压作用。

　　T 梁在创建过程中需要使用哪些不同的轮廓族？

5.1　创建 T 梁轮廓

　　T 梁轮廓的主要尺寸包括上翼缘厚度、上翼缘宽度、腹板宽度、马蹄宽度、横隔板高度、横隔板厚度等。在实际工程中，马蹄形尺寸截面的设置主要是为了增大支点承受面积，留足空间布置预应力钢筋，加大施工、吊装、安放过程中的平衡和稳定。

　　T 梁轮廓族是建立梁体结构的基本单元。在创建过程中，首先创建轮廓族，打开一个新族，并使用线、尺寸标注和参照平面绘制轮廓。保存轮廓族后，可以将其载入并应用于项目中的实体几何图形。不同的轮廓族样板可定义特定条件或图元类型，应选择与使用案例最为匹配的族样板。在本章案例中，Revit 软件利用已有的 T 梁 CAD 设计底图为模板，建立相应构件的封闭横截面作为轮廓族。

　　在创建具体轮廓模型之前，利用 CAD 打开相关的 T 梁图，利用软件"测量"功能获得边梁、中梁构件的尺寸。若发现 CAD 图形标注与实际尺寸不一致，则需对 CAD 图进行相关的修改。此工程案例中，利用 CAD 查看中梁 A—A 截面的 T 梁马蹄形轮廓，如图 5-1 所示，点击"测量"测得图纸中马蹄形宽度为"5"，与标注所显示的"500mm"有数量级上的差距，由此判断此 CAD 图在导入 Revit 时其单位为"分米"。

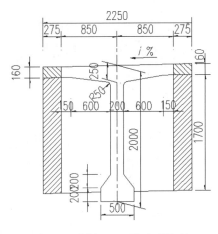

图 5-1　中梁 A—A 马蹄形轮廓

　　CAD 图的导入单位确定后，开始创建相应的轮廓族。新建"公制轮廓族"，点击"插入"，选择"导入 CAD"，注意"导入"对话框中的各种参数，如图 5-2 所示。颜色选择"保留"，图层选择"可见"，导入单位选择"分米"，定位选择"手动—中心"，放置于"参照标高"。定位分为"自动—原点到原点""自动—中心到中心""手动—原点""手动—中心"四种形式。实例中选择的"手动—中心"选项可在当前视图中显示导入的几何图形，同时光标会放置在导入项或链接项的几何中心上。移动光标以调整导入几何图形的位置。导入 CAD 图以后，把图放在任意位置，选择"创建"命令下的"对齐"功能，校对插入的

CAD 图尺寸是否有误，如图 5-3 所示。

图 5-2　CAD 图导入

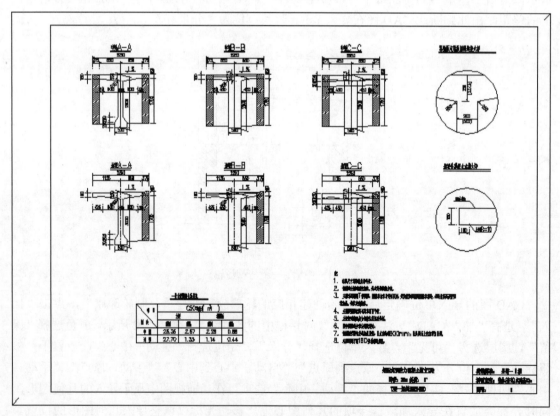

图 5-3　CAD 图尺寸校对

建立轮廓族后，根据 CAD 图纸分析 T 梁的结构，确定梁体轮廓的类别以及在建立轮廓过程中所涉及的软件功能。如图 5-4 所示，该 T 梁的梁段主要分为三个部分，第一部分是梁段端头处的等截面 T 形，其中梁 *B—B*、*C—C* 截面轮廓分别如图 5-5 和图 5-6 所示，长度均为 1000mm；第二部分是梁的马蹄形 T 梁，如图 5-1 所示，位于主梁的中间部分，长度为 19700mm；第三部分位于一、二两个部分之间的过渡段，在主梁中对称分布，长度为3600mm。

图 5-4　主梁底面

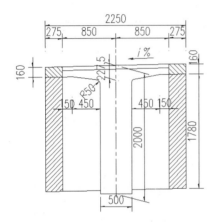

图 5-5　中梁 *B—B* 等截面轮廓

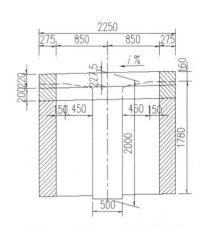

图 5-6　中梁 *C—C* 等截面轮廓

在界面"管理"选项卡下，选择"捕捉"，设置在操作过程中所需要选中的点。在放置图元或绘制线时，图元可捕捉到参照平面和其他相同类别的图元。不同类型的捕捉提供不同的行为。捕捉点包括中点、中心点、切点、交点等，如图 5-7 所示。当移动光标时，状态栏会指示捕捉点。

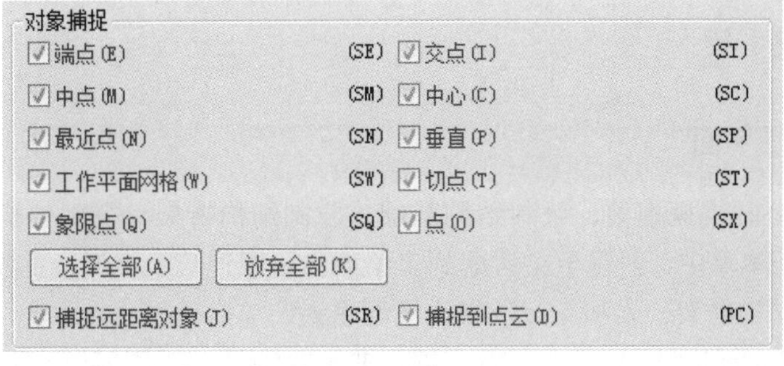

图 5-7　捕捉点示意

选中导入的 CAD 图，选择界面中的"移动"，使 A—A 截面的轴线交点与 Revit 中心点相重合。选择"创建"选项栏下的"线"，创建一条存在于三维空间中并且在项目空间里可见的线。在创建轮廓族的过程中，"线"命令的功能是利用已有的 CAD 底图描绘出一条封闭的曲线（描绘过程中要避免线条重复）。选择"线"→"拾取线"，依次对马蹄形截面每条线条进行拾取。在结束"拾取"命令后，选择"隐藏图元的功能"对所拾取的闭合截面进行校对，在 Revit 界面上把所导入的 CAD 图隐去，只显示"拾取线"操作之后所显示的封闭截面，如图 5-8 所示。

选中封闭截面中任意一根线条，按【Tab】键，观察截面所有线条是否呈封闭状态（避免线条重复），若无问题，则保存为"中梁 A—A 轮廓族"。利用同样方法对中梁 B—B 轮廓建族，并命名为"中梁 B—B 轮廓族"，如图 5-9 所示。

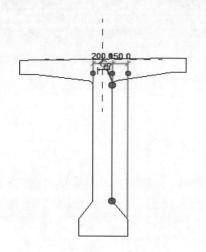

图 5-8　拾取线形成的封闭 A—A 截面

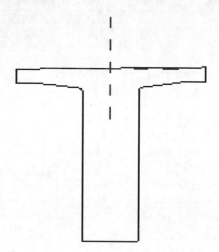

图 5-9　拾取线形成的封闭 B—B 截面

\\ 想一想

如何把已创建的公制轮廓模型导入到"公制结构框架—梁和支撑"族界面？创建主梁的过程中会用到哪些命令？

5.2　创建 T 梁主梁

5.2.1　建立参照平面

族样板包括公制常规模型、公制结构基础、公制结构桁架、公制结构框架、公制栏杆和公制轮廓等。在本章中，创建 T 梁考虑到 T 梁的作用跟建筑梁类似，主要为承载和连接，因而使用"公制结构框架—梁和支撑"族样板创建族。

在桌面上选中 Revit 图标，双击鼠标左键，进入主界面，依次按照顺序点击"族"→"新建"→"公制结构框架—梁和支撑"族样板→"打开"→"保存"→"T 梁"，如图 5-10 所示。

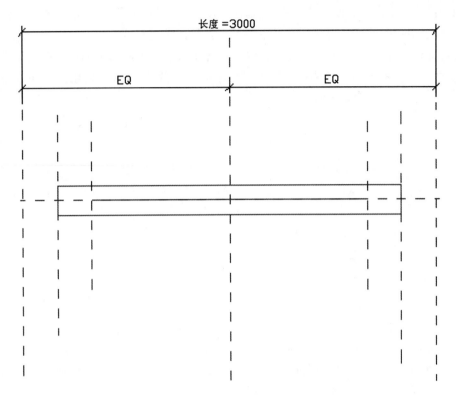

图 5-10　"公制结构框架—梁和支撑"族样板界面

5.2.2　族样板的定义

在"公制结构框架—梁和支撑"族样板界面查看三维视图，Revit 软件自动预设一段梁，如图 5-11 所示，通过拖动边缘发现它在三维默认视图中是不可控的。在"公制结构框架—梁和支撑"族样板中对该梁设置了三组对称的参照平面，由里及外分别是"单线示意符号左（右）""左（右）构件""左（右）边缘"。在项目中，这三组参照平面默认在同一个位置，即不管构件拉伸距离有多长，这三组参照平面之间的距离都是与之一致的。

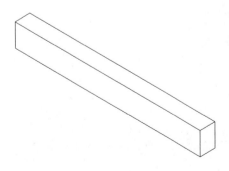

图 5-11　"公制结构框架—梁和支撑"族样板三维视图

为了能更好地说明这三组参照平面之间的关系,新建一个项目,进入"项目浏览器"选项栏中的"场地标高",载入之前的"公制结构框架—梁和支撑族",如图 5-12 所示。"场地标高"界面中看到的是一根线,它是单线示意符号,表达着这个族在项目"粗略"模式中所能看到的相应构件的显示方式,它能使复杂、体量大的模型看起来简单,有利于数据的处理。而在"精细"模式下,该族在项目中的显示方式如图 5-13 所示,由此说明三组参照平面在同一个项目中的长度是一致的。

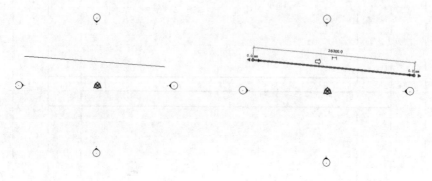

图 5-12 "粗略"模式下显示方式　　　　图 5-13 "精细"模式下显示方式

"左(右)构件"参照平面在项目中表示剪切长度,即项目的实体长度。在项目"精细"模式下,实体长度以两个三角符号间的距离表示,可用来计算构件的工程量。"左(右)边缘"参照平面在项目中表示构件的计算长度,在"精细"模式中以构件两边的圆点表示,可用来保留主梁的后浇带位置、确定支座中心点位置等。

建立完中梁 $A—A$、$B—B$ 和 $C—C$ 三个公制轮廓族之后,进入 Revit 的"公制结构框架—梁和支撑"族界面,并另存为"T 梁中梁族"。选择"插入"选项卡下的"载入族",选择之前创建的中梁 $A—A$、$B—B$、$C—C$ 三个公制轮廓族,如图 5-14 所示。对载入的族进行编辑,查看 Revit 界面右边的"项目浏览器",如图 5-15 所示,它主要用于显示当前项目中所有视图、明细表、图纸、组和其他部分的逻辑层次,展开和折叠各分支时,将显示下一层项目。

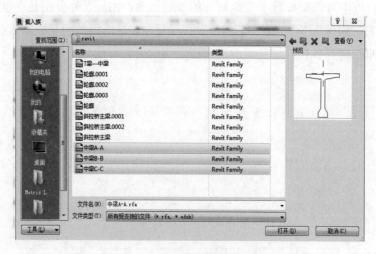

图 5-14　公制轮廓族载入界面

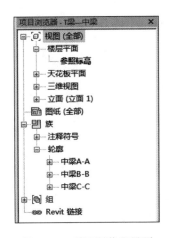

图 5-15　项目浏览器界面

在"公制结构框架—梁和支撑"族界面删除单线示意符号及单线示意符号左（右），根据 T 梁中梁的 CAD 底面图，绘制相关的参照平面。

第一步，根据图 5-4，把最外侧的参照平面的距离调整至 30000mm，把中心平面 3D 模式改为 2D 模式，以拖动小圆点的形式使其与左、右参照平面相交。

第二步，根据图 5-4，鼠标左键点击"左（右）构件"参照平面，改变其与最外侧参照平面的距离，该 T 梁创建中，距离为 80mm。

第三步，根据图 5-4，对后浇带、中跨 $B—B$ 截面、过渡段、中跨 $A—A$ 截面分别建立相应的参照平面。选择"创建"选项栏下的"参照平面"，建立第一个参照平面，距之前参照平面距离为 200mm，其他参照平面可以利用"复制（多个）"命令进行创建。在创建完参照平面后，对相邻之间的距离进行标注并锁定，锁定的作用是使相邻两个参照平面之间的距离保持不变，左侧添加的各参照平面都能与左构件参照平面相关联。

第四步，选中添加的参照平面及相关标注，根据结构与左（右）构件都存在对称性，选择"镜像"，根据界面中的轴线自动添加右侧的相关参照平面，如图 5-16 所示。

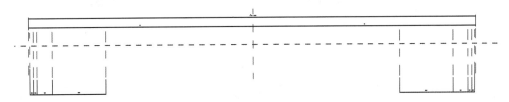

图 5-16　创建各参照平面

5.2.3　创建主梁

确定各截面所对应的参照平面位置，绘制等截面主梁，选择"放样"，绘制过渡段变截面，选择"放样融合"。根据图 5-4，在 80 ～ 1470mm 段采用中梁 $B—B$ 截面，1470 ～ 5070mm 段采用变截面，5070 ～ 15000mm 段采用中梁 $A—A$ 截面，绘制顺序可选择从左往右。

第一步，选中"创建"选项栏中的"放样"，选中"绘制路径"，绘制 $B—B$ 截面的路径。

第二步，选中"对齐"，依次使路径线的平面位置与中心参照平面锁定，两个端点的位置与左右两侧参照平面锁定，从而使参照平面起到驱动的作用，如图 5-17 所示，虚线即为驱动的参照平面。

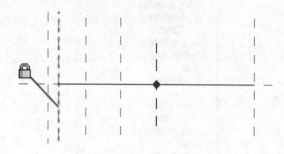

图 5-17　放样路径锁定效果

　　B—B 截面的路径创建之后，选择"轮廓"，同时选择项目浏览器"族"选项中相应的中跨 B—B 截面，查看 3D 界面，如图 5-18 所示。点击"完成"后，轮廓沿着路径形成实体，即主梁中跨 B—B 截面的 3D 效果图，如图 5-19 所示。利用同样的方法对中梁 A—A 截面部分进行"放样"→"绘制路径"→"对齐"→"选择轮廓"的操作，最终 3D 效果如图 5-20 所示。

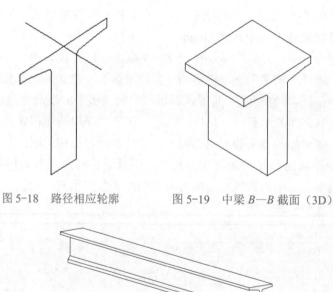

图 5-18　路径相应轮廓　　　　图 5-19　中梁 B—B 截面（3D）

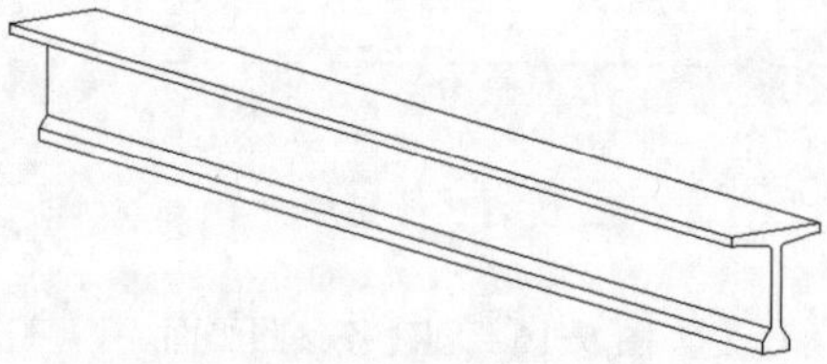

图 5-20　中梁 A—A 截面（3D）

　　选择"创建"选项栏中的"放样融合"，通过"选择路径""对齐"等命令使相关参照平面对该路径起到驱动的作用。在使用"对齐"命令选择的过程中，为了防止参照平面与周围实体结构的边缘相混淆，按【Tab】键进行切换。进入三维模式，查看"放样融合"的路径效果，如图 5-21 所示。图中显示该路径由一根线和两个参照平面组成。接下来在两个参照平面中依次放入对应的中梁 A—A、中梁 B—B 截面。步骤为：点击"轮廓"，选择参照平面及相应的轮廓族（公制轮廓 1 选择中梁 B—B，公制轮廓 2 选择中梁 A—A）。以上操作完成后，点击"√"，如图 5-22 所示。

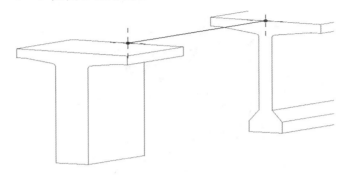

图 5-21　3D 放样融合效果

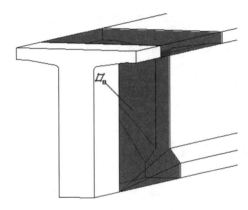

图 5-22　3D 过渡段效果

　　T 梁中梁 *A—A* 马蹄形梁的结构相对复杂，在截面拟合过程中将出现如图 5-22 高亮色区块所示的错误，即梁两侧的过渡形式不一致。为解决这个问题，可进行以下操作：选中过渡段梁体，点击"编辑放样融合"中的"编辑顶点"，如图 5-23 所示。通过选择"顶部控件""底部控件"纠正软件默认的操纵柄位置，纠正过渡段的截面情况，如图 5-24 所示。在实现一侧的建模之后，利用"镜像"命令，实现另一侧过渡段的建模，镜像后观察镜像模型是否与原模型一致，如不一致则要纠正操纵柄的具体位置，改变模型的结构。

　　上述案例中操纵柄数量多，操作有一定难度，此步骤需多练习以掌握其规律和技巧。

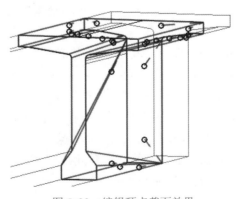

图 5-23　编辑顶点截面效果

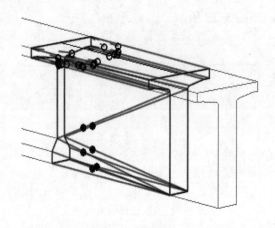

图 5-24　操纵柄纠正

　　T 梁的创建过程中，"镜像"命令的对象是实体，而"镜像"无法直接对两侧参照平面进行驱动，故对梁体另一端进行过渡段建模时需按照图 5-23 的方法，采用"放样融合"命令，使参照平面达到驱动的作用。

5.3　创建 T 梁封锚端及横隔板

5.3.1　创建封锚端

　　封锚是在梁板张拉与压浆结束后用高强度砂浆或混凝土对锚头进行封闭，主要用于防止施工当中对锚头造成损害。具体操作可参考之前建立 T 梁中梁轮廓的方法。新建"公制轮廓族"，建立文件名为"封锚"。选择"插入"选项栏中的"导入 CAD"命令，通过对 CAD 图纸的测量，确定导入图纸的参数，颜色选择"保留"，图层选择"可见"，根据 CAD 底图选择导入单位，该实例中单位选择"分米"，定位选择"手动—中心"。使用"对齐"命令使十字丝中心成为封锚的插入点，如图 5-25 所示。

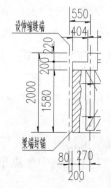

图 5-25　封锚 CAD 导入

　　选择"创建"选项栏中的"线"命令，点击"拾取线"命令并结合【Tab】键功能拾取封锚的外轮廓，再将所选取的外轮廓边缘（不受剪的面）往外任意拉一段距离，保证封锚端受到剪切作用。在创建完封锚轮廓之后，选择"导入到项目"命令至"T 梁—中梁"族。选择"创建"选项栏中"空心形状"中的"空心放样"命令，在"左构件"参照平面位置创建封锚。在此参考平面中点击"绘制路径"，并用"对齐"功能锁定路径的位置（此处不需要锁定路径的距离），点击"√"。点击"轮廓选项栏"→选择"修改 | 放样 | 轮廓"→选择"封锚"轮廓，在三维模式下查看封锚的放样效果，查看此处封锚是否有朝向问题，如图 5-26 所示。选择相关实体后点击"翻转"命令，点击"√"表示完成"空心放样"命令，如图 5-27 所示。

图 5-26 封锚初步创建   图 5-27 封锚初步创建（翻转）

5.3.2 创建横隔板

横隔板是为保持截面形状、增强横向刚度而在梁之间设置的构件。现浇混凝土横隔板通常用于预制预应力混凝土 T 梁，用于增加主梁的横向刚度，其中位于桥梁端部的横隔板称为端隔板，位于中部的横隔板称为中隔板。在 T 梁创建过程中，依据中梁横隔板顶面图（图 5-28）和底面图可得 T 梁现浇横隔板顶面厚度为 200mm，底面厚度为 180mm。

从左往右第一个横隔板的位置与图 5-4 中 270mm 的参考平面相重合，点击"创建"选项栏中的"融合"命令，选择"编辑底部"，按如图 5-29 所示创建两个参照平面进行注释并锁定。

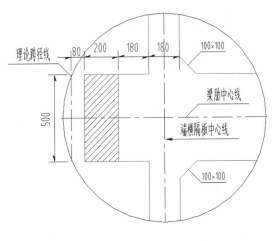

图 5-28 横隔板顶面

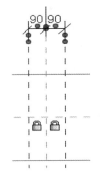

图 5-29 创立参照平面

根据图纸要求，在以上两个参考平面之间绘制矩形，矩形两端分别位于中梁横截面中心线与外边缘线，再沿着马蹄形梁腹板位置绘制一条直线，如图 5-30 所示。接着利用"修剪"和"删除"命令对矩形线框进行修改，如图 5-31 所示，所显示矩形范围即为横隔板底面厚度，利用"对齐"命令锁住矩形左右两侧边缘。在创建完底部模型之后，选择"编辑顶部"，利用上述同样的步骤建立顶部轮廓并进行厚度的锁定，点击"√"表示完成"修改|创建融

合顶（边）部"命令，如图 5-32 所示。

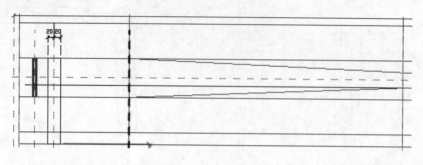

图 5-30   初步绘制矩形

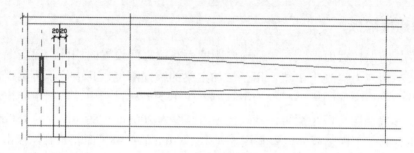

图 5-31   矩形修正

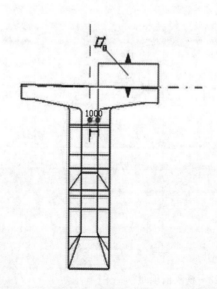

图 5-32   创建左立面

点击"融合"命令后，使横隔板下边缘与 T 梁下边缘对齐，接着选择"创建"→"空心形状"→"空心拉伸"命令，在对话框中选择"参考平面：中心（左右）"，如图 5-33 所示。在三维视图中，对矩形长度进行拉伸（图 5-34），再进入左立面视图查看，如图 5-35 所示，图中矩形表示剪切的范围。

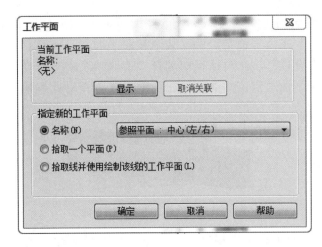

图 5-33　空心拉伸命令的选择

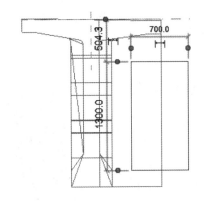

图 5-34　空心拉伸轮廓

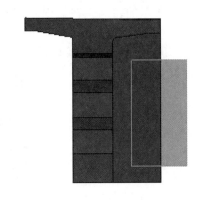

图 5-35　空心拉伸左立面

如图 5-35 所示，点击矩形，再选中"修改 | 编辑拉伸"选项栏中的"拾取线""修剪""直线"及"复制"等命令，创建如图 5-36 所示的边框显示的空心拉伸轮廓（注意轮廓边缘必须是闭合线条，多余线条必须删除）。点击"√"表示完成"修改 | 创建拉伸"命令。点击"修改"选项栏中的"剪切"命令，选择"融合"命令创建矩形和如图 5-36 所示创建的空心拉伸轮廓，即得横隔板，如图 5-37 所示。

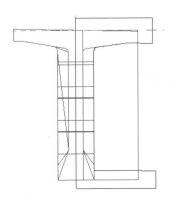

图 5-36　空心剪切轮廓

图 5-37　横隔板效果

　　因横隔板是等截面的 T 梁，可根据图 5-4 所示建立相应横隔板的位置，绘制参照平面，并进行"对齐"注释与锁定，保证某个参照平面对其一直保持驱动作用。在"创建"选项栏中点击"设置"，在对话框中选择"拾取一个参考平面"，把刚建立的参照平面作为之后的工作平面。点击"显示"在三维模式中查看此参照平面的具体位置，如图 5-38 所示。

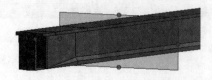

图 5-38　三维模式下某参照平面

　　在创建以上参照平面的基础上，把 Revit 界面转入到"隐藏线"模式，接着选择"创建"选项栏中的"拉伸"命令，再点击"修改 | 拉伸"中的"拾取线""直线""修剪"等命令绘制如图 5-39 所示的轮廓。在截面左侧属性对话框中将数据设置为横隔板厚度 200mm，如图 5-40 所示。最后通过"空心拉伸""拉伸"并结合"镜像""复制"等命令创建如图 5-41 及图 5-42 所示的横隔板布置。

 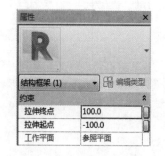 

图 5-39　拉伸轮廓左立面　　　图 5-40　拉伸轮廓左立面尺寸　图 5-41　等截面横隔板立面

图 5-42　主梁横隔板布置

\\想一想

　　T 梁的后浇带主要包括哪些？在 Revit 中如何对所载入的项目进行对位？

5.4　T 梁项目拼接及创建后浇带

5.4.1　T 梁项目拼接

　　在 T 梁主要结构的基础上，完成主梁与下部结构的拼接与后浇带的创建。对于项目的拼接，首先在软件中新建项目"T 梁"，选择"标高 1"或者"标高 2"作为工作平面，再通过导入 CAD 底图或者绘制参照平面的方式来进行定位，由于 T 梁没有 CAD 底图，故采用绘制参照平面的方式来确定主梁和下部结构的插入位置，如图 5-43 所示。

　　采用第 3 章中建立下部结构的方式，创建 T 梁的下部结构，并对其进行参数化，方便之后尺寸的调整，如图 5-44 所示。首先，将 T 梁的下部结构与主梁插入如图 5-43 所示的 3 个参照平面的交点，利用"旋转"命令调整下部结构的方向，点击"主梁"，在属性"几何图形位置"中修改主梁 Z 轴的偏移位置，从而使支座底边与支座的顶面在同一平面中，完成梁的初步拼接。其次，根据主梁的实际尺寸，在属性的"尺寸标注"中修改支座的横向尺寸，使其与 T 梁的设计一致。最后，通过"复制"命令使主梁准确放置在支座上，完成 T 梁项目的拼接，如图 5-45 所示。

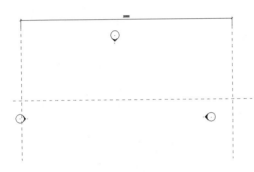

图 5-43　T 梁对位参照平面

图 5-44　主梁下部结构

图 5-45　T 梁放置

5.4.2　创建后浇带

　　后浇带是在建筑施工中为防止现浇钢筋混凝土结构由于自身收缩不均或沉降不均可能产生有害裂缝，按照设计或施工规范要求，在基础底板、墙、梁相应位置留设的临时施工缝。后浇带将结构暂时划分为若干部分，经过构件内部收缩，在若干时间后再以混凝土浇筑该施工缝，将结构连成整体。后浇带宜在气温较低时，用浇筑水泥或水泥中掺微量铝粉的混凝土浇筑，其强度等级应比构件强度高一级，防止新老混凝土之间出现裂缝，造成薄弱部位。设置后浇带的部位还应该考虑模板等措施不同的消耗因素。

T 梁的后浇带主要包括两部分，一部分是桥面板后浇带，其长度与主梁长度一致，另一部分是横隔板之间的后浇带，其主要作用是增强横隔板的横向联系，提高其稳定性。以下为桥面板后浇带的创建方法。

首先，在项目中双击鼠标左键选择主梁，进入主梁的"公制结构框架—梁和支撑"族界面，选择"左立面"视图，如图 5-46 所示。点击"创建"选项栏中的"拉伸"命令，在"选择工作平面"对话框中选择"中心平面左（右）"，接着利用"拉伸"命令中的"直线"绘制后浇带的范围，如图 5-47 中矩形线框所示，点击"√"表示完成"修改 | 拉伸"命令。根据主梁长度，在"属性"中输入"尺寸标注"完成主梁一侧后浇带的创建。最后通过"镜像"命令导入至项目中，完成项目中桥面后浇带的创建，如图 5-48 所示。

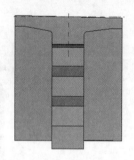

图 5-46　T 梁左立面视图

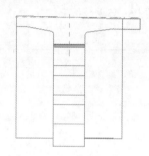

图 5-47　绘制 T 梁桥面板后浇带

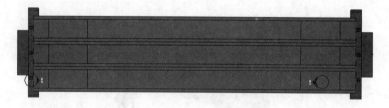

图 5-48　T 梁桥面后浇带（俯视）

梦想从学习开始，事业从实践起步

杨家岭大桥

　　杨家岭大桥位于浩吉铁路（原工程名为"蒙西至华中地区铁路"）煤运通道三门峡至荆门段，大桥分为左线和右线，由简支 T 梁和连续梁组成。该桥在建设时要跨越在建的三淅高速公路，在施工中会存在大量的干涉及碰撞问题，这在传统的二维平面图纸中较难发现。因此，施工方运用倾斜摄影和 BIM 技术建立了可视化模型，对设计进行优化。本项目的 BIM 技术支持分为建模、管理和平台搭建三个部分，具体包括：①使用点云技术生成施工现场三维模型；②采用参数驱动方式建立连续箱梁及钢束三维模型；③根据图纸建立钢筋及施工支架和挂篮的三维模型；④从建立的模型中导出材料工程量并进行施工模拟；⑤通过 ProjectWise 服务器进行协同工作。

　　BIM 技术具有可视化、协调性、模拟性和可出图等特性，可以与施工管理有效结合，以便更清楚地向业主介绍整个项目的施工规划，这样不仅节省了大量的设计时间，同时也有利于人力物力的合理运用。

小　结

　　本章主要介绍了 T 型梁桥主梁、横隔板、封锚及后浇带的创建。通过学习，应掌握创建公制结构框架—梁和支撑族、公制轮廓族样板的方法，并从中熟练操作拉伸、空心拉伸、空心剪切、融合、对齐、复制、镜像等常用命令。

习　题

1. 创建 T 梁轮廓，选用以下（　　）族样板。
   　　A．公制轮廓　　　　　　　　　　　　B．公制结构基础
   　　C．公制结构柱　　　　　　　　　　　D．公制结构梁和桁架
2. 创建 T 梁主梁，选用以下（　　）族样板。
   　　A．公制轮廓　　　　　　　　　　　　B．公制结构框架—梁和支撑
   　　C．公制结构柱　　　　　　　　　　　D．公制结构梁和桁架
3. Revit 利用（　　）正确导入 CAD 底图尺寸。
   　　A．颜色　　　　　B．标高　　　　　C．导入单位　　　　D．定位
4. 公制结构框架—梁和支撑族样板中表示实体长度的是（　　）。
   　　A．单线示意符号左（右）　　　　　　B．左（右）构件
   　　C．左（右）边缘　　　　　　　　　　D．直线标注
5. 公制结构框架—梁和支撑族样板中表示粗略模式的是（　　）命令。
   　　A．单线示意符号左（右）　　　　　　B．左（右）构件
   　　C．左（右）边缘　　　　　　　　　　D．单线示意符号
6. 等截面 T 梁的绘制，可以使用（　　）命令绘制路径。
   　　A．拉伸　　　　　B．空心拉伸　　　　C．融合　　　　D．放样

7. 变截面 T 梁的绘制，可以使用（　　）命令绘制路径。

    A. 拉伸　　　　　　B. 空心拉伸　　　　C. 融合　　　　　　D. 放样融合

8. 横隔板的创建可以使用（　　）命令。

    A. 拉伸　　　　　　B. 空心拉伸　　　　C. 融合　　　　　　D. 放样融合

9. 马蹄形 T 梁的作用不包括（　　）。

    A. 增大承受面积　　　　　　　　　　B. 有利于安装

    C. 留置空间布置预应力　　　　　　　D. 美观桥梁

10. 当确定主梁与桥墩位置时，需要（　　）个参照平面。

    A. 1　　　　　　　　B. 2　　　　　　　　C. 3　　　　　　　　D. 4

11. 采用公制轮廓族时，使用"拾取线"命令和（　　）键功能可完整拾取 CAD 底图的外轮廓。

    A.【Ctrl】　　　　　B.【Shift】　　　　C.【Alt】　　　　　D.【Enter】

12. 创建后浇带模型最主要用到（　　）命令。

    A. 镜像　　　　　　B. 拉伸　　　　　　C. 融合　　　　　　D. 放样

13. 创建 T 梁横隔板的过程中主要用到（　　）、复制、镜像等命令。

    A. 拉伸　　　　　　B. 空心拉伸　　　　C. 放样　　　　　　D. 对齐

14. （　　）主要用于显示当前项目中所有视图、明细表、图纸、组和其他部分的逻辑层次。

    A. 属性　　　　　　B. 编辑类型　　　　C. 项目浏览器　　　D. 设置

15. 创建封锚过程中，发现模型存在朝向问题，即采用（　　）命令调整。

    A. 拉伸　　　　　　B. 空心拉伸　　　　C. 镜像　　　　　　D. 翻转

16. 利用（　　）命令设置横隔板的厚度。

    A. 镜像　　　　　　B. 拉伸　　　　　　C. 融合　　　　　　D. 放样

17. 移动主梁过程中，利用属性中的（　　）修改主梁 Z 轴的偏移位置。

    A. 方向　　　　　　　　　　　　　　B. 图形显示选项

    C. 几何图形位置　　　　　　　　　　D. 视图比例

18. 放样融合过程中利用（　　）判别不同参照平面。

    A. 颜色　　　　　　B. 标高　　　　　　C. 导入单位　　　　D. 定位

19. T 梁后浇带最主要的作用是提高（　　）。

    A. 稳定性　　　　　B. 强度　　　　　　C. 耐久性　　　　　D. 抗震性能

20. 目前装配式 T 梁的横隔板连接方式有（　　）。

    A. 企口连接　　　　B. 扣环连接　　　　C. 干接缝连接　　　D. 铰接连接

第6章 创建拱桥

知识目标

1. 掌握拱桥建模的方法。
2. 掌握拱桥吊杆、拱圈等族的创建方法。
3. 熟练应用拉伸、融合、对齐、复制、镜像等命令。

能力目标

1. 能够熟练完成拱桥下部结构设计阶段的建模。
2. 能够熟练完成拱桥上部结构设计阶段的建模。
3. 能够熟练完成桥面铺装及附属设施设计阶段的建模。

详细的操作过程视频，请扫描以下二维码：

视频 6-1 定位底图

视频 6-2 创建桩基础

视频 6-3 创建桥台、挡块和耳墙

视频 6-4 创建横梁

视频 6-5 创建桥面板

视频 6-6 创建纵梁

视频 6-7 创建拱肋

视频 6-8 载入吊杆族

视频 6-9 创建防撞墩

视频 6-10 创建桥面铺装

知识导引

拱桥由于外形美观，跨度较大，一般能就地取材，与钢桥和钢筋混凝土梁式桥相比可以节省大量的钢材和水泥；能耐久，且养护、维修费用少；构造较简单，尤其是圬工拱桥，技术较容易被掌握，因而在桥梁工程中被广泛应用。

下承式系杆拱桥是桥面系设置在桥跨主要承重结构（桁架、拱肋、主梁）下面的桥梁，即桥梁上部结构完全处于桥面高程之上。下承式系杆拱是一种无推力的拱式组合体系，兼有拱桥的较大跨越能力和简支梁桥对地基适应能力强的两大特点。当桥面高程受到限制而桥下又要求保证较大的净空（桥下净跨和净高）时，无推力的拱式组合体系桥梁是较优越的桥型。本项目基于前面章节内容的介绍，以实际案例形式讲述下承式拱桥的 BIM 建模。

\\ 想一想

在将族载入项目中时，如何放置和调整它的位置？

6.1 准备工作

6.1.1 创建拱桥常规族文件

在项目创建过程中，为了方便文件的管理，首先创建以下文件夹：

1）建模依据，用于存放拱桥 CAD 图纸文件。

2）族库，用于存放项目中创建的族文件。

3）项目文件，用于存放拱桥项目文件。

6.1.2 项目拱桥简介

本项目为下承式拱桥，单跨结构，全长为 25m，桥面宽为 14m，拱圈矢高为 5.7m，拱圈跨径为 20.46m，拱圈由 2 根矩形截面的钢筋混凝土拱肋组成，拱顶箱高 0.6m，拱肋断面为 60cm×60cm，拱圈每侧设有 7 根吊杆，吊杆之间间距为 2.5m，最外侧吊杆距拱脚中心距离为 2.73m；行车道板为整体现浇预应力混凝土实体板，板厚由边缘的 45cm 变至路中心处的 56cm；桥台为桩柱式桥台；在桥头左右各设置一个防撞墩。拱桥立面图、平面图、断面图如图 6-1 ～图 6-3 所示。

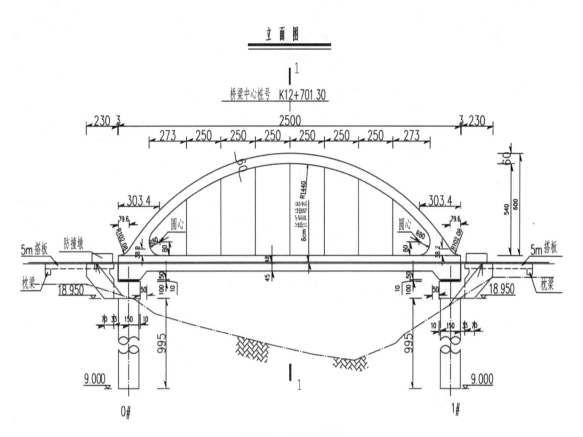

图 6-1　拱桥立面图

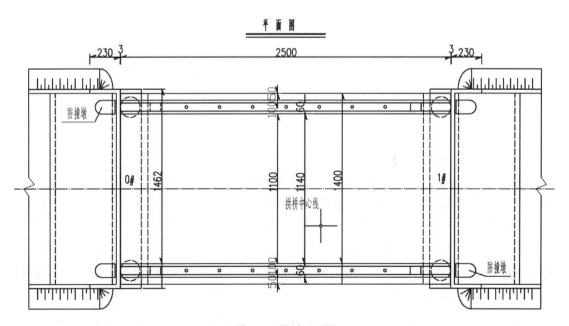

图 6-2　拱桥平面图

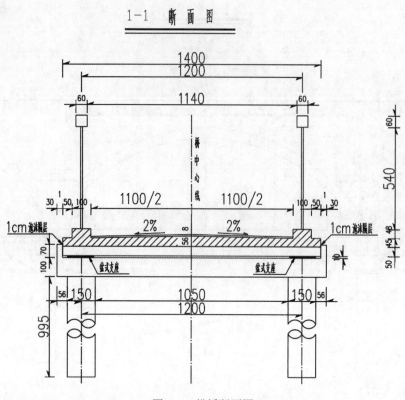

图 6-3　拱桥断面图

6.1.3　定位底图

1. 创建标高

打开 Revit 软件后，在主界面的"项目"选项组中点击"构造样板"按钮，进入"项目浏览器"选项栏中的"视图"，打开"立面（建筑立面）"，进入南立面视图。在桥梁 BIM 建模中一般只参照标高 1，其他标高不需要，所以选中其他标高将其删除，保留标高 1 即可，如图 6-4 所示。

2. 导入底图并定位

进入楼层平面场地标高视图，选中"插入"选项卡，点击"导入 CAD"系统将打开"导入 CAD 格式"对话框，对话框中参数设置如图 6-5 所示。选中导入底图文件，点击"打开"按钮，可先将辅助建模的定位 CAD 底图任意放置某个位置，结果如图 6-6 所示。

选中底图，再选中功能区选项卡"修改 | 平面 .dwg"，点击"移动"按钮将底图中心移动到项目和测量基点上。为防止错误操作使图元移动，选中所有图元，点击"锁定"按钮。

3. 设置参照平面

为便于在建模过程中定位关键点，需要设置一些参照平面。打开"建筑"选项卡，点击"参照平面"按钮,然后再点击"拾取线"按钮来设置参照平面。首先,拾取平面图中两条对称轴线设置成参照平面;然后,拾取桥台台背轮廓线设置成参照平面,为方便观察将参照平面延长;最后,为便于创建桩基,也需要设置参照平面,点击"手动绘制线"命令来设置参照平面,将鼠标放置在平面图中桩基位置时系统会自动设别出象限点,过象限点绘制参照平面。

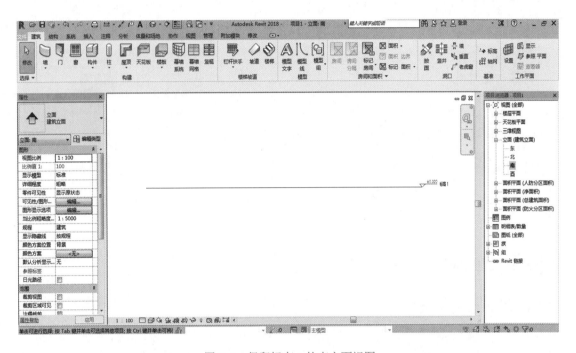

图 6-4　保留标高 1 的南立面视图

图 6-5　"导入 CAD 格式"对话框

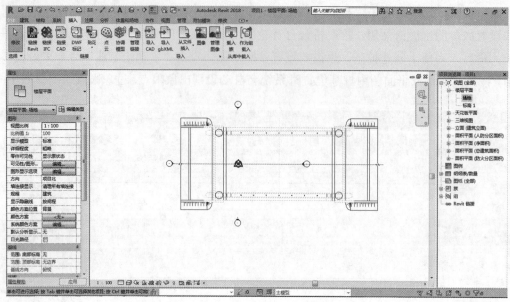

图 6-6 导入 CAD 底图后系统界面

6.2 创建桩基础

6.2.1 载入结构基础族

打开"结构"选项卡，点击"结构基础"按钮，系统会弹出"项目中未载入结构基础族。是否要现在载入"的对话框，点击"是"按钮，系统会弹出"载入族"对话框。选择"结构"文件夹双击鼠标左键，再选择"基础"文件夹双击鼠标左键，然后选中"桩-混凝土圆形桩"，点击"打开"按钮。在系统主界面任意位置放置后退出，如图 6-7 所示。

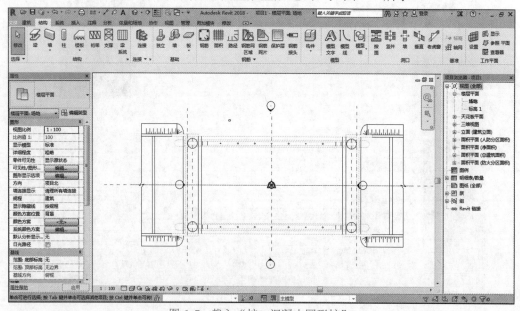

图 6-7 载入"桩-混凝土圆形桩"

6.2.2 设置桩径

首先选中桩，再点击视图控制栏中"视觉样式"，打开"真实"模式。

由于本项目中桩的直径是 1500mm，系统桩的直径只有 300mm、400mm、500mm 和 600mm 这 4 种，需要创建直径 1500mm 的桩。点击属性面板中"编辑类型"，会出现"类型属性"对话框，利用此对话框创建直径 1500mm 的桩。

6.2.3 放置桩和设置桩长

1. 放置桩

先选中桩，然后点击"复制"按钮，再勾选 "多个"，将桩复制到桩位上，再将多余的桩删除。

2. 设置桩长

进入三维视图，选中所有桩基，将属性面板中"尺寸标注"的桩长度值修改为"9950.0"（本案例中桩的长度是 9950mm）。

6.2.4 设置桩标高

本项目中桩的标高是 18950mm。选中所有桩基，将属性面板中"约束"的自标高的高度偏移值修改为"18950.0"，结果如图 6-8 所示。

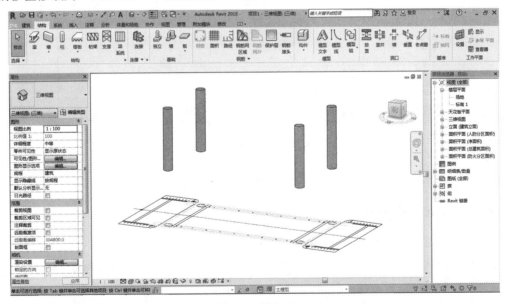

图 6-8　桩归位

6.3　创建桥台

6.3.1　创建桥台族

1. 绘制桥台轮廓

1）进入"文件"选项卡，选中"新建"，点击"族"，弹出一个对话框，选中"公制结构基础"，点击"打开"按钮。

2）进入项目浏览器，打开前立面视图。

3）打开"创建"选项卡，然后点击"拉伸"按钮，会出现一个"工作平面"对话框，点选"名称"，在下拉选项中选中"参照平面：中心（前/后）"。

4）根据本项目原始资料，点击选项卡"修改｜创建拉伸"中命令绘制桥台轮廓，如图 6-9 所示。

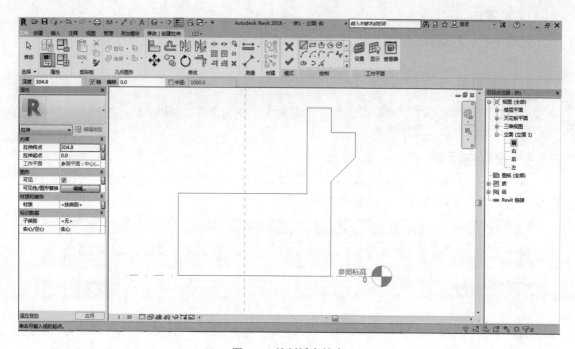

图 6-9　绘制桥台轮廓

5）点击"完成编辑模式"按钮，完成编辑。

2. 桥台长度参数化设置

1）进入楼层平面参照标高视图。

2）在桥台体块上下任意位置各设置一个参照平面（用参照平面来约束桥台模型）。

3）对参照平面进行标注并等分。

4）点击标签中"创建参数"按钮，弹出"参数属性"对话框，设置名称为"L1"，设置好参数后点击"确定"按钮。

5）点击模型会出现三角形的操作柄，按住三角形操作柄移动至相应的参照平面，并进行锁定。

6）根据项目原始资料，桥台的长度为 14020mm，将 L1 数值修改为"14020.0"。

7）进入三维视图，点击视图控制栏中"视觉模式"，选中"真实"按钮，结果如图 6-10 所示。

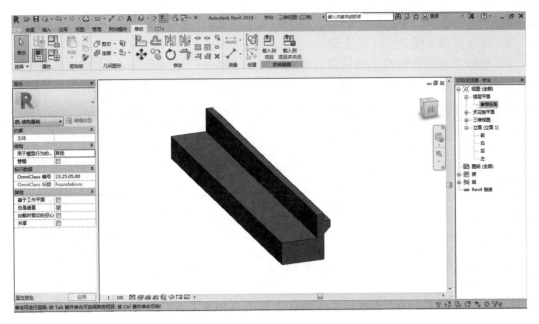

图 6-10　桥台三维视图

3. 绘制挡块和耳墙轮廓

1）进入桥台前立面视图。

2）点击"创建"选项卡，点击"拉伸"按钮，出现一个"工作平面"对话框，点选"名称"，在下拉选项中选中"参照平面：中心（前 / 后）"。

3）根据本项目原始资料，绘制挡块和耳墙轮廓。

4）点击"完成编辑模式"按钮，完成编辑，进入三维视图，如图 6-11 所示。

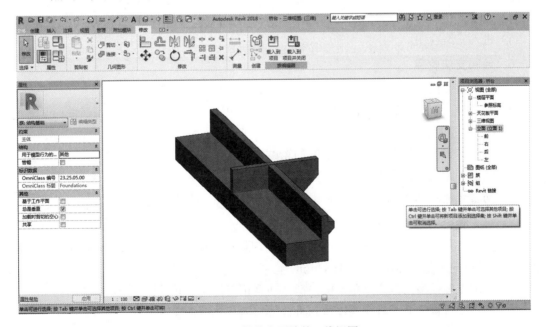

图 6-11　挡块和耳墙的三维视图

4. 放置挡块和耳墙

1）进入楼层平面参照标高视图。

2）根据项目原始资料，挡块和耳墙的厚度为 300mm。选中如图 6-12 所示参照平面，点击"复制"按钮垂直向上复制 300mm；同理，下面的参照平面进行同样操作。

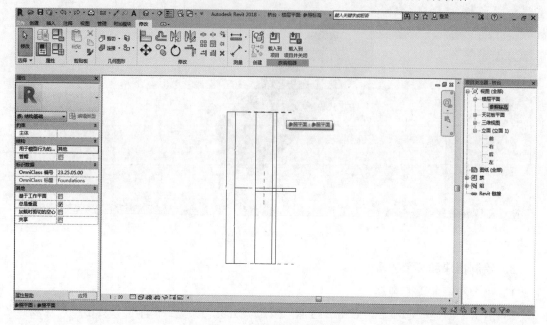

图 6-12　参照平面的设置

3）点击挡块和耳墙模型会出现三角形的操作柄，按住三角形操作柄移动至适当位置并进行锁定。

4）利用"镜像"命令将挡块和耳墙模型镜像到桥台另一端，并进行锁定。

5）进入三维视图。

5. 绘制支座轮廓

1）进入前立面视图。

2）点击"创建"选项卡，再点击"拉伸"按钮，出现一个"工作平面"对话框，点选"名称"，在下拉选项中选中"参照平面：中心（前 / 后）"。

3）根据本案例原始资料，绘制支座的轮廓。

4）点击"完成编辑模式"按钮，完成编辑。

6. 放置支座

1）进入楼层平面参照标高视图。

2）选中如图 6-13 中高亮显示的参照平面，根据项目原始资料中相关数据，利用"复制"命令分别垂直向下复制 264mm 和 1682mm。

3）点击支座模型，按住三角形操作柄移动至正确位置，并进行锁定。

4）利用"镜像"命令将支座镜像到桥台另一端，并进行锁定。

5）进入三维视图，如图 6-14 所示。

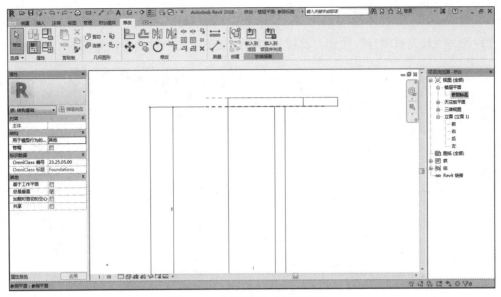

图 6-13　参照平面（高亮显示）

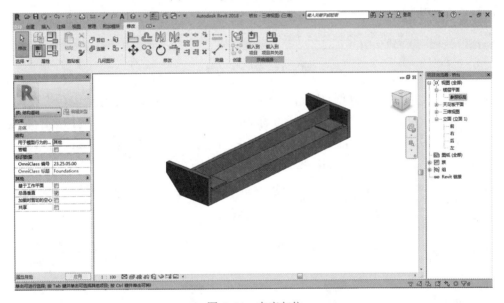

图 6-14　支座归位

7．关联材质

1）选中除支座外的其他结构。

2）点击属性面板中"材质"一栏中"关联族参数"按钮，系统会弹出"关联族参数"对话框，选中"结构材质"，点击"确定"按钮完成材质的关联。

3）选中全部的支座，点击属性面板中"材质"一栏中"关联族参数"按钮，系统会弹出"关联族参数"对话框，点击对话框中"新建参数"按钮，系统会弹出"参数属性"对话框，在"名称"一栏中输入"支座材质"，点击"确定"按钮完成材质的创建。然后在"关联族参数"对话框中选中"支座材质"，点击"确定"按钮完成材质的关联。

6.3.2　载入及放置桥台族

1）点击"载入到项目"按钮，将桥台中心放置于纵向中轴线上，如图 6-15 所示。

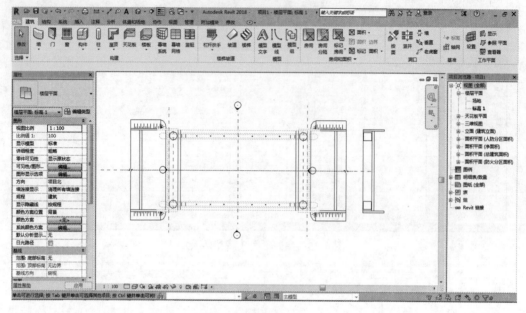

图 6-15　桥台族的载入

2）利用"对齐"命令将桥台放置在平面的所需位置，并将桥台赋予"着色"模式。

3）进入三维视图，此时桥台放置于 0 标高的平面上，需要调整桥台的标高。本案例中桥台的标高是 18950mm，将桥台属性面板中"约束"的自标高的高度偏移值修改为"18950.0"。

4）利用"镜像"命令将桥台镜像到桥另一端，如图 6-16 所示。

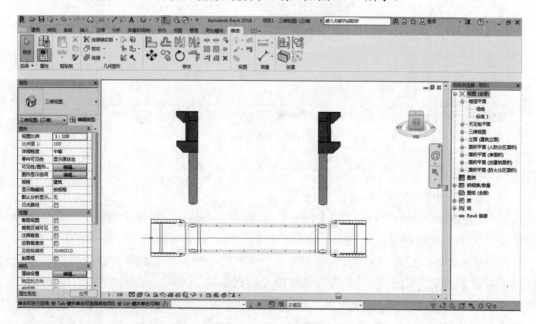

图 6-16　桥台的镜像

6.3.3　设置桥台材质

1．设置支座材质

1）点击桥台属性面板中"编辑类型"，系统会弹出一个"类型属性"对话框，点击"支座材质"中"<按类别>"，右侧会出现"⬚"按钮，点击此按钮系统弹出"材质浏览器"对话框，如图 6-17 所示。

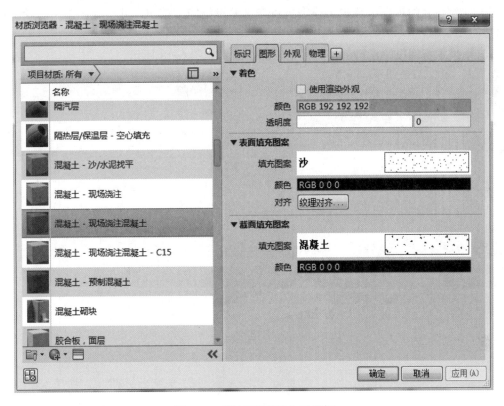

图 6-17　"材质浏览器"对话框

2）本项目中支座材质为橡胶，但材质浏览器中没有橡胶材质。点击对话框下面"创建并复制材质"按钮，选中"新建材质"并将其命名为"橡胶"。

3）点击资源浏览器下面"打开/关闭资源浏览器"按钮，系统会弹出一个对话框。在对话框中找到"橡胶–黑色"，点击右侧按钮"⇄"，然后点击材质浏览器对话框中的"确定"按钮完成操作。

2．设置结构材质

同上，在"材质浏览器"对话框中找到"混凝土–现场浇注混凝土"并选中，点击"确定"按钮完成操作。

6.4 创建横梁

6.4.1 创建横梁族

1. 绘制横梁轮廓

1）进入"文件"选项卡，选中"新建"，点击"族"，弹出一个对话框，选中"公制结构框架 – 梁和支承"，点击"打开"按钮。

2）进入右立面视图，选中梁模型再点击"编辑拉伸"按钮，并将视图中所有轮廓线和参照平面线删除。

3）根据本案例原始资料，绘制横梁轮廓，结果如图 6-18 所示。

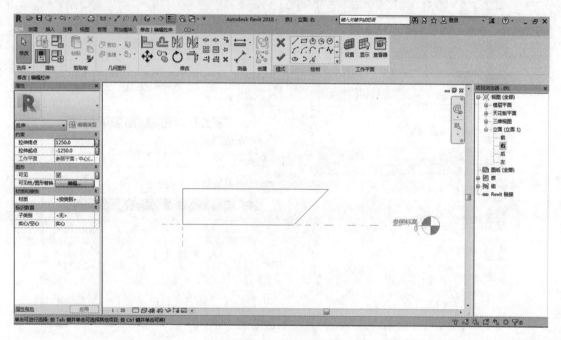

图 6-18　横梁轮廓

4）点击"完成编辑模式"按钮，完成编辑。

5）进入三维视图，查看横梁"真实"模式。

2. 设置横梁材质

将横梁材质设置为"混凝土 – 现场浇注混凝土"。

6.4.2 载入及放置横梁族

1）点击"载入到项目"按钮，将横梁族载入到项目。

2）进入标高 1 楼层平面视图。

3）点击"结构"选项卡，再点击"梁"按钮，在属性面板中选中横梁，然后将横梁放置于正确位置，进入三维视图，结果如图 6-19 所示。

4）在本案例中横梁的标高是 20550mm，选中横梁，在属性面板中"几何图形位置"一栏中将"Z 轴偏移值"设置为"20550.0"。

5）将横梁镜像到桥的另一端。

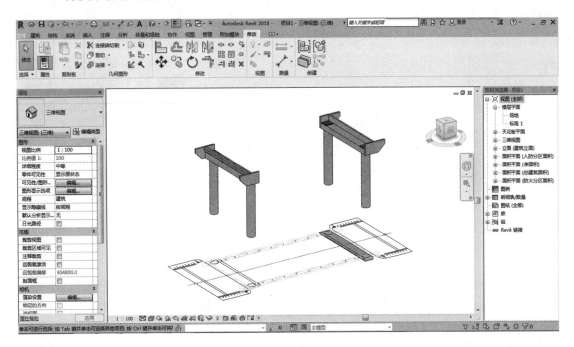

图 6-19　载入横梁族

6.5　创建桥面板

6.5.1　绘制桥面板轮廓

1）为了方便绘制桥面板，本案例中将横梁隔离出来进行参照。选中横梁，点击视图控制栏中"临时隐藏 / 隔离"按钮，再点击"隔离类别"选项。

2）打开"建筑"选项卡，点击"放置构件"按钮下面的下拉三角形，选择"内建模型"，系统会弹出一个"族类别和族参数"对话框，在对话框列表中选择"楼板"，此时会弹出"名称"对话框，命名为"桥面板"。

3）设置工作平面。点击"设置"按钮，选择绘制桥面板轮廓的工作平面，此时系统会弹出一个"工作平面"对话框，点选"拾取一个平面"，点击"确定"按钮，选择如图 6-20 所示的工作平面进行点击即可。

4）绘制桥面板轮廓。根据本案例原始资料，绘制桥面板的轮廓（注意绘制中，桥面板并不是标准的矩形，有横坡的存在），结果如图 6-21 所示。

5）点击"完成编辑模式"按钮，完成编辑。最后点击"完成模型"。

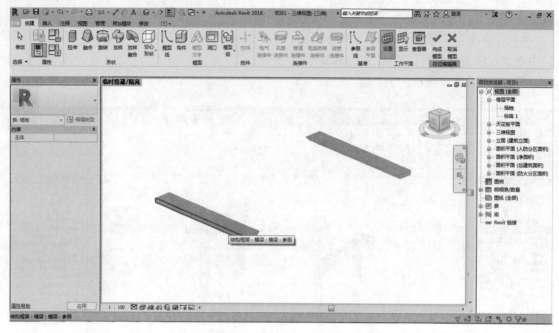

图 6-20　拾取工作平面

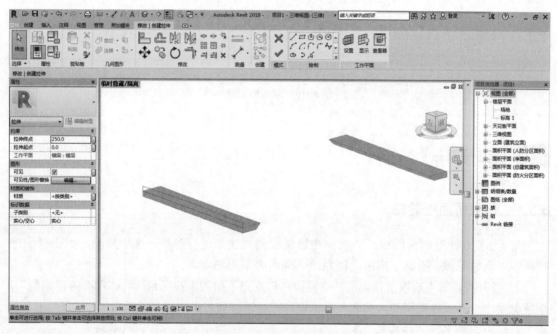

图 6-21　桥面板轮廓

6.5.2　放置桥面板及设置其材质

1）点击视图控制栏中"临时隐藏 / 隔离"按钮，点击"重设临时隐藏 / 隔离"选项。

2）点击桥面板模型，按住三角形操作柄移动至正确的位置即可。

3）桥面板的材质设置。本例中将桥面板材质设置为"混凝土—现场浇注混凝土"。

6.6 创建纵梁

6.6.1 载入外部族

本例中纵梁的创建选择系统自带的族库来进行。点击"插入"选项卡，然后点击"载入族"按钮，系统会弹出一个"载入族"对话框。在对话框中选择"结构"→"框架"→"混凝土"，然后选中"混凝土—矩形梁"，点击对话框中"打开"按钮。

6.6.2 修改矩形梁尺寸参数

1）点击"结构"选项卡，然后点击"梁"按钮。在属性面板中出现了载入的"混凝土—矩形梁"，矩形梁尺寸分别是"300mm×600mm""400mm×800mm"，与本例纵梁尺寸1000mm×480mm 不符，需要重新设置一个"1000mm×480mm"尺寸的矩形梁。

2）点击属性面板中"编辑类型"按钮，系统会弹出一个"类型属性"对话框，如图 6-22 所示。

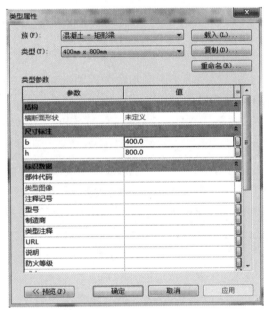

图 6-22 "类型属性"对话框

3）点击"复制"按钮，会出现"名称"对话框，将名称命名为"1000mm×480mm"，点击"确定"按钮。然后将"类型属性"对话框中"尺寸标注"的 b 值改为"1000.0"，h值改为"480.0"，点击对话框中"确定"按钮完成编辑。

6.6.3 放置纵梁

1）顺着桥的纵向任意放置一纵梁。

2）在本案例中纵梁的标高是 21480mm，将纵梁属性面板中"起点标高偏移"和"终点标高偏移"的值均改为"21480.0"。

3）为了方便放置调整纵梁位置，本例中将桥面板和纵梁隔离出来。

4）利用"对齐"命名对齐到如图 6-23 所示高亮显示的线。

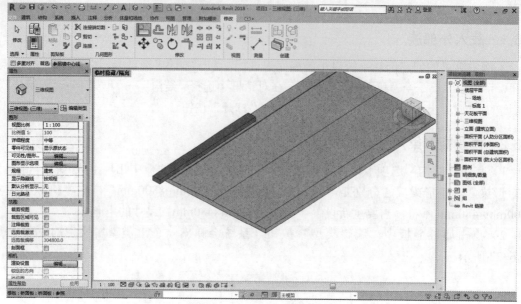

图 6-23　对齐线（高亮显示）

5）点击选中纵梁，拖动纵梁两端小圆圈与桥面板两端对齐。

6）利用"镜像"命令将纵梁镜像到桥的另一边。

6.6.4　设置材质

在本案例中将全部纵梁的材质设置为"混凝土—现场浇注混凝土"。然后点击视图控制栏中"临时隐藏／隔离"按钮，点击"重设临时隐藏／隔离"选项，结果如图 6-24 所示。

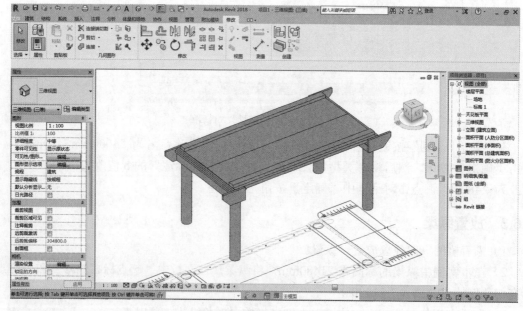

图 6-24　纵梁材质的设置

6.7　创建拱肋

6.7.1　创建拱肋族

1．绘制拱肋轮廓

1）点击"文件"选项卡，选中"新建"，点击"族"，选中对话框中"公制常规模型"，点击"打开"按钮。

2）定义拱肋的属性。点击"创建"选项卡中"族类别和族参数"按钮，系统弹出一个"族类别和族参数"的对话框，在列表中选中"结构框架"，点击对话框"确定"按钮。

3）导入 CAD 底图。进入前立面视图，选中"插入"选项卡，点击"导入 CAD"，系统弹出"导入 CAD 格式"对话框，找到所需导入的文件，如图 6-25 所示。

图 6-25　"导入 CAD 格式"对话框

对话框中参数设置如图 6-25 所示，选中所需导入文件点击"打开"按钮，先将辅助建模 CAD 底图任意放置某个位置，然后将 CAD 底图移动到视图中心点位置（拱脚点移动到中心点）。

4）绘制拱肋轮廓。利用"拾取线"命令在拱肋 CAD 底图上拾取拱肋轮廓线，如图 6-26 所示。

5）检查轮廓线是否闭合。通过检查发现轮廓线没有闭合，此时点击"修剪 / 延伸为角"按钮，点击没有闭合的两条线完成闭合。

6）点击"完成编辑模式"按钮，完成编辑。

7）拱肋厚度的修改。在本案例中根据原始资料拱肋的厚度为 600mm，将拱肋属性面板中"约束"一栏的"拉伸终点"的值修改为"600.0"。

8）CAD 底图的处理。选中底图，将属性面板的"图形"一栏中"可见"勾选掉。

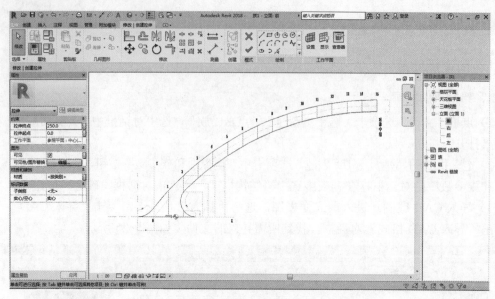

图 6-26　拾取拱肋轮廓

2. 关联材质

选中拱肋后点击属性面板中"材质"一栏右侧按钮"关联族参数"，系统弹出"关联族参数"对话框，选中"结构材质"选项，点击"确定"按钮。

6.7.2　载入及放置拱肋族

1）拱肋族的载入。将拱肋顺桥向放置于任意位置。

2）调整拱肋的标高。本案例中拱肋的标高是 21480mm。选中拱肋，将属性面板中"约束"的"偏移"值修改为"21480.0"。

3）拱肋归位。利用移动命令将拱肋移动到所需放置的位置，如图 6-27 所示。

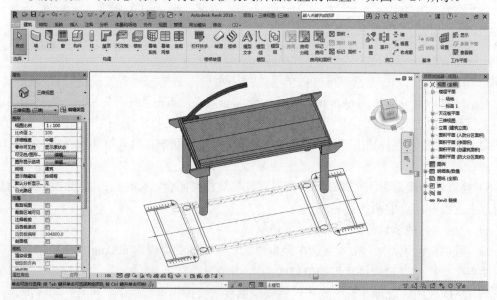

图 6-27　拱肋归位

4）拱肋的镜像。利用"镜像"命令将拱肋镜像到桥的另一端。同理，再将拱肋镜像到桥的另一边。

6.7.3　设置拱肋材质

在本例中将全部拱肋的材质设置为"混凝土—现场浇注混凝土"。

6.8　创建吊杆

6.8.1　创建吊杆族

1．绘制吊杆轮廓

1）点击"文件"选项卡，选中"新建"，点击"族"，弹出一个对话框，选中"公制常规模型"，点击"打开"按钮。

2）利用"创建"选项卡中"族类别和族参数"按钮定义吊杆族的属性为"结构连接"。

3）导入 CAD 底图。进入前立面视图，找到所需导入的文件，对话框中参数设置如图 6-5 所示。选中所需导入文件点击"打开"按钮，先将辅助建模 CAD 底图任意放置于某个位置，然后将 CAD 底图保护罩底面中心移动到视图中心点位置。

4）绘制保护罩轮廓，结果如图 6-28 所示。

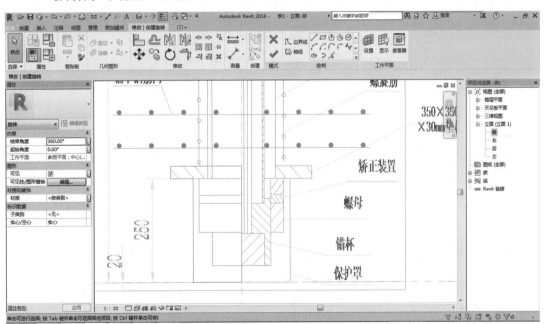

图 6-28　保护罩轮廓

5）拾取旋转轴，点击"完成编辑模式"按钮，完成编辑。

6）保护罩的参数化设置。进入前立面视图，选中保护罩，点击"编辑旋转"按钮，然后点击"创建"选项卡再点击"参照平面"按钮，绘制如图 6-29 中高亮显示的保护罩参照平面，并点击"对齐"命令将保护罩关键线与相对应的参照平面进行锁定。

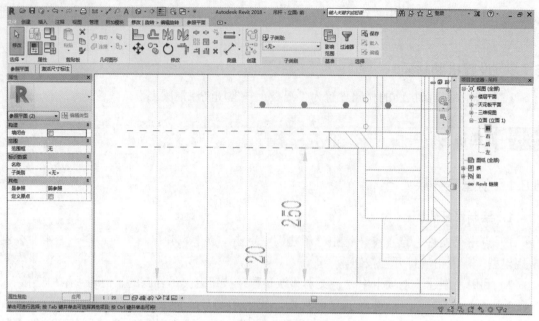

图 6-29　保护罩参照平面

7）对所绘制参照平面进行命名，分别命名为"保护罩高度"和"垫板厚度"。

8）绘制如图 6-30 中高亮显示的参照平面。

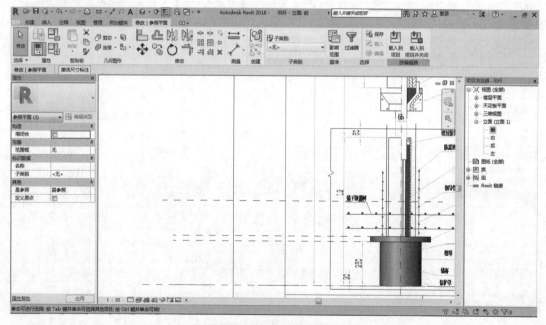

图 6-30　参照平面（高亮显示）

9）标注所绘制的参照平面。首先点击最上面参照平面的标注，再点击"标签"一栏中"创建参数"按钮，系统会弹出一个"参数属性"对话框，在"名称"一栏设置为"L2"且选上"实例"，点击对话框"确定"按钮；然后点击中间参照平面的标注，再点击"标签"一栏中下拉三角形，选择"垫板厚度 =30"选项；最后点击最下面参照平面的标注，再点击"标签"一栏中下拉三角形,选择"保护罩高度 =250"选项。点击最上面参照平面的标注,将 L2 的值修改为"410.0"。

10)绘制钢导管轮廓,并点击"对齐"命令将钢导管关键线与相对应的参照平面进行锁定,结果如图 6-31 所示。

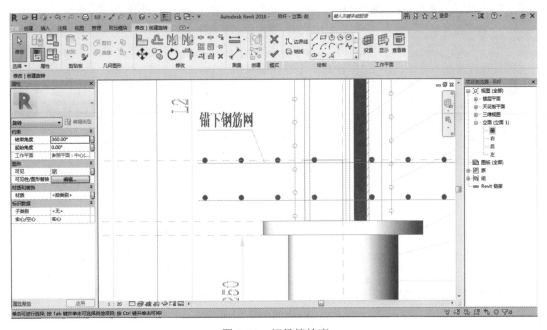

图 6-31　钢导管轮廓

11)拾取旋转轴,点击"完成编辑模式"按钮,完成编辑。

12)进入前立面视图,在任意位置绘制如图 6-32 中高亮显示的参照平面。

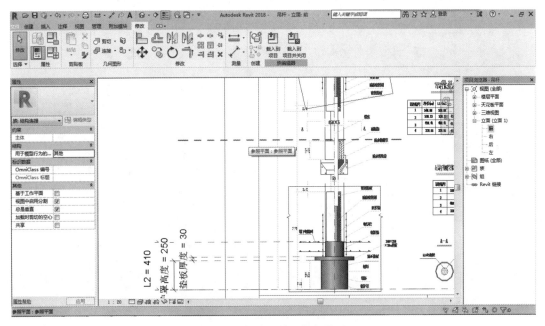

图 6-32　参照平面(高亮显示)

13）标注所绘制的参照平面，将其"名称"命名为"L1"，点选上"实例"。

14）绘制中间部分吊杆，并利用"对齐"命令将中间部分吊杆关键线与相对应的参照平面进行锁定，结果如图6-33所示。

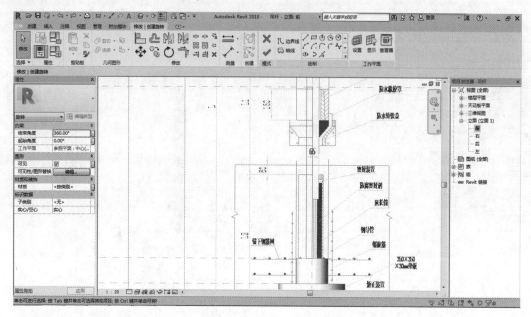

图 6-33　中间部分吊杆轮廓

15）拾取旋转轴，点击"完成编辑模式"按钮，完成编辑。

16）修改 L1 数值为"5500.0"。

17）进入前立面视图，为方便绘图将 CAD 底图移动对齐到吊杆上部。

18）绘制如图 6-34 中高亮显示的参照平面，并对其进行标注和锁定。

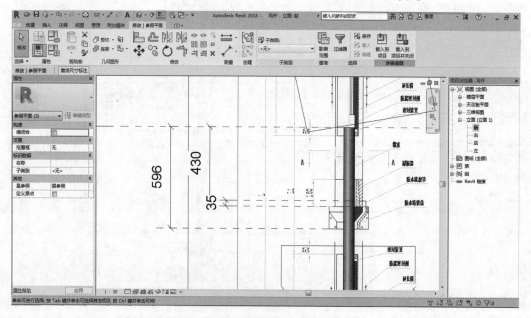

图 6-34　参照平面（高亮显示）

19）绘制减震器轮廓，并利用"对齐"命令将减震器关键线与相对应的参照平面进行锁定，结果如图 6-35 所示。

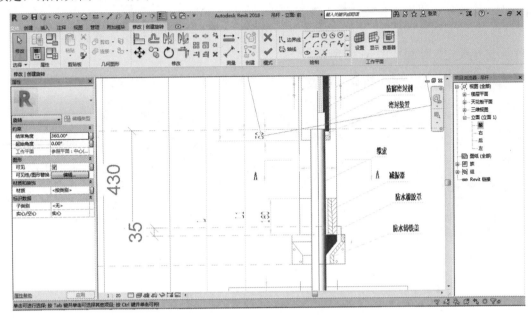

图 6-35　减震器轮廓

20）拾取旋转轴，点击"完成编辑模式"按钮，完成编辑。

21）进入前立面视图，绘制如图 6-36 中高亮显示的参照平面。

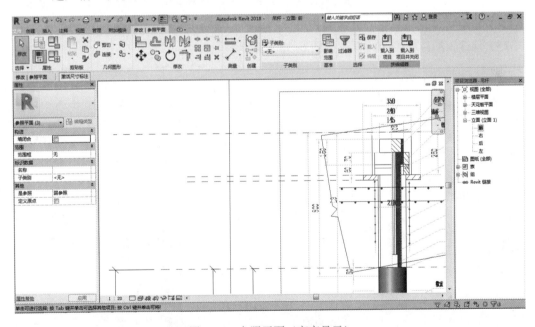

图 6-36　参照平面（高亮显示）

22）对所绘制参照平面进行标注。首先点击最上面参照平面的标注，再点击"标签"一栏中"创建参数"按钮，系统会弹出一个"参数属性"对话框，在"名称"一栏中设置为

"L3"且点选上"实例",点击"确定"按钮;然后点击中间参照平面的标注,再点击"标签"一栏中下拉三角形,选择"保护罩高度 =250"选项;最后点击最下面参照平面的标注,再点击"标签"一栏中下拉三角形,选择"垫板厚度 =30"选项。

23)绘制吊杆上部保护罩和钢导管,利用"对齐"命令将保护罩关键线与相对应的参照平面进行锁定,结果如图 6-37 所示。

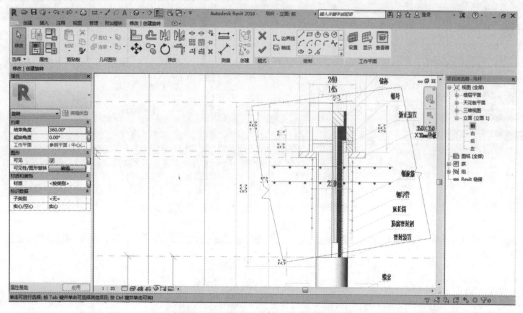

图 6-37 锁定关键线与参照平面

24)拾取旋转轴,点击"完成编辑模式"按钮,完成编辑。

25)修改 L3 值为"530.0",如图 6-38 所示。

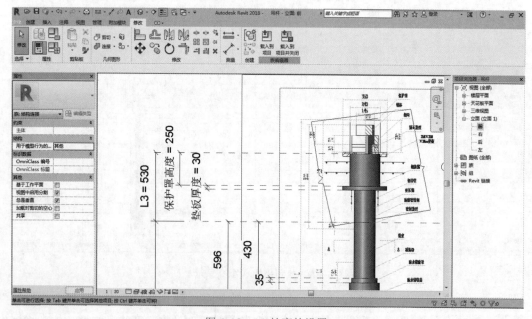

图 6-38 L3 长度的设置

26）选中 CAD 底图，将属性面板中"可见"勾选掉。

2. 关联材质

选中所有图元，点击"过滤器"按钮，系统弹出一个"过滤器"对话框，只勾选"结构连接"选项，点击"确定"按钮。

点击属性面板中"材质"一栏中"关联族参数"按钮，系统弹出"关联族参数"对话框，点击对话框中"新建参数"按钮，系统弹出"参数属性"对话框，在"名称"一栏中输入"结构材质"，点击"确定"按钮完成编辑。然后在"关联族参数"对话框中选中"结构材质"，点击"确定"按钮即可。

6.8.2 载入及放置吊杆族

1）吊杆族的载入。利用"载入到项目"按钮将吊杆先放置于任意位置。

2）开启"线框"模式，然后进入标高 1 视图。

3）放置吊杆。利用"建筑"选项卡"构件"下方小三角形中"放置构件"命令，将吊杆放置于平面中正确的位置，并将多余的吊杆删除，结果如图 6-39 所示。

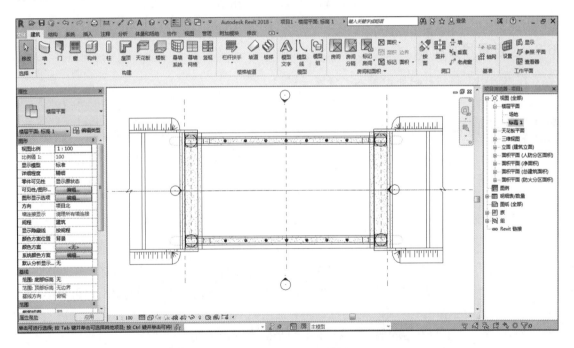

图 6-39 吊杆平面放置

4）调整标高。根据原始资料，本例中吊杆标高为 20900mm，选中所有吊杆，将属性面板中"约束"一栏中"偏移"值修改为"20900.0"。

5）吊杆长度调整。根据原始资料中的数据将吊杆的 L1、L2、L3 的值进行相应调整，结果如图 6-40 所示。

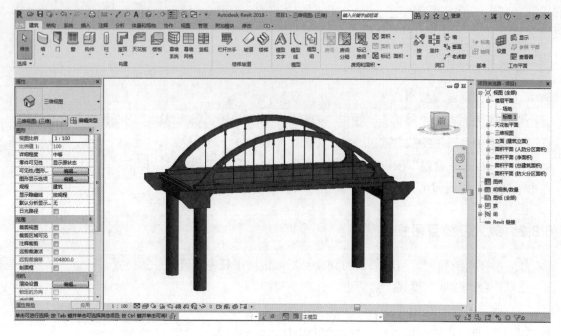

图 6-40　长度设置后的吊杆

6.8.3　设置吊杆材质

在本例中，将吊杆材质设置为"金属—钢"。

6.9　创建其他设施或结构

6.9.1　创建油毛毡

1. 绘制油毛毡

本例中油毛毡为两层构造，每层油毛毡的厚度为 5mm，具体油毛毡的绘制步骤如下：

1）点击"建筑"选项卡，再点击"放置构件"按钮下面的下拉三角形，选择"内建模型"，系统弹出一个"族类别和族参数"对话框，在对话框列表中选择"常规模型"，再点击"确定"按钮，此时会弹出"名称"对话框，将其命名为"油毛毡"。

2）设置工作平面。拾取如图 6-41 所示的平面为工作平面。

3）绘制油毛毡轮廓，完成后在属性面板中将"约束"一栏"拉伸终点"值改为"5.0"。

4）利用"复制"命令复制油毛毡。

5）利用"镜像"命令将油毛毡镜像到桥的另一端。

2. 设置材质

利用油毛毡属性面板创建新材质，将其命名为"油毛毡"，并赋予外观为"粗麻"（具体过程如 6.3.3 节所述）。

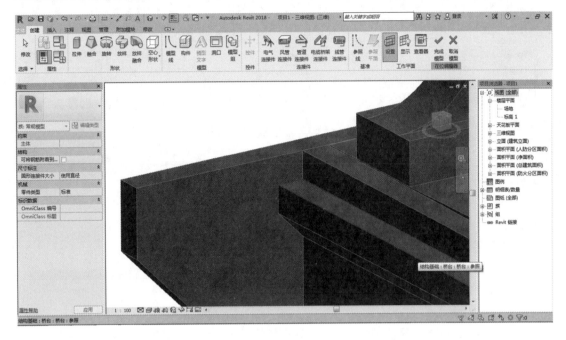

图 6-41　拾取工作平面

6.9.2　创建桥头搭板

根据原始资料数据，桥头搭板的厚度为 300mm，长度为 5000mm，宽度为 14000mm，标高为 21050mm。另外搭板厚度是均匀的，所以本例中选择楼板功能来绘制桥头搭板，具体步骤如下：

1）载入楼板。点击"建筑"选项卡，再点击"楼板"按钮下方的下拉三角形，选择"楼板结构"选项。

2）修改属性。在属性面板中选中"常规 –300mm"的楼板，点击属性面板中"编辑类型"按钮，系统弹出一个"类型属性"对话框，点击"复制"按钮并将其命名为"桥头搭板"。然后点击列表中"编辑"按钮，弹出"编辑部件"对话框，将"结构 [1]"中"材质"修改为"混凝土—现场浇注混凝土"，点击"确定"按钮，然后再点击"类型属性"对话框的"确定"按钮完成属性修改。

3）绘制搭板轮廓。进入标高 1 视图，绘制搭板轮廓线，如图 6-42 所示。

4）点击"完成编辑模式"按钮，完成编辑。

5）调整搭板标高。进入三维视图选中搭板，将属性面板中"自标高的高度偏移"值改为"21050.0"。

6）镜像搭板。利用"镜像"命令将搭板镜像到拱桥的另一端，如图 6-43 所示。

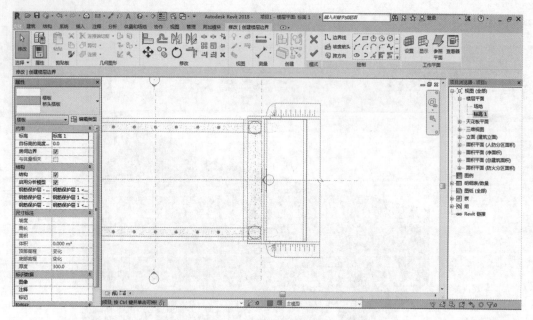

图 6-42　搭板轮廓

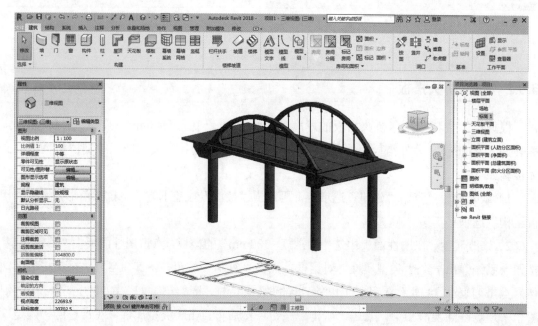

图 6-43　镜像搭板

6.9.3　创建枕梁

根据原始资料数据，枕梁截面的宽度为400mm，高度为350mm，标高为20750mm。枕梁的具体创建步骤如下：

1）添加"混凝土—矩形梁400mm×350mm"的梁。在属性面板中选中"混凝土—矩形梁300mm×600mm"，点击属性面板中"编辑类型"按钮，在"类型属性"对话框进行复制并将其命名为"400mm×350mm";然后将对话框列表中"尺寸标注"*b*值改为"400.0",*h*值改为"350.0",最后点击"类型属性"对话框的"确定"按钮完成编辑。

2)绘制枕梁。进入标高1视图,然后点击"结构"选项卡,再点击"梁"按钮,然后选择"拾取线"命令,拾取线如图6-44所示。

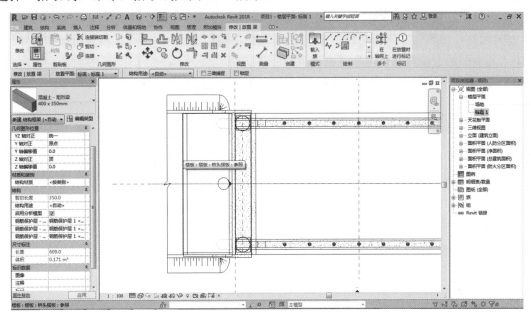

图 6-44 拾取线(高亮显示)

3)将生成的枕梁平面图归位。

4)调整标高。将枕梁属性面板中"起点标高偏移"和"终点标高偏移"值改为"20750.0",结果如图6-45所示。

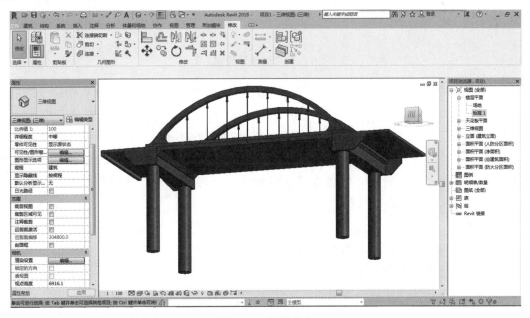

图 6-45 枕梁归位

5）镜像枕梁。利用"镜像"命令将枕梁镜像到拱桥的另一端。

6.9.4 创建防撞墩

防撞墩的创建步骤如下：

1）新建一个族。点击"文件"选项卡，选中"新建"，点击"族"，弹出一个对话框，选中"基于面的公制常规模型"，点击"打开"按钮。

2）绘制轮廓。根据本例原始资料，绘制防撞墩的轮廓如图 6-46 所示。

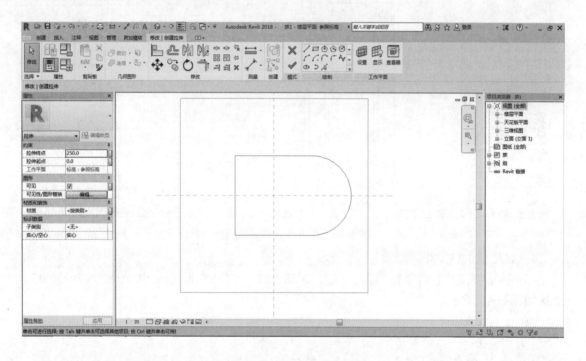

图 6-46　防撞墩轮廓

3）生成模型。点击"完成编辑模式"按钮，完成编辑，然后在属性面板中将"约束"一栏"拉伸终点"值改为"600.0"；进入三维视图，将视图显示设置为"真实"模式。

4）关联材质。选中防撞墩，然后点击属性面板中"材质"一栏右侧按钮"关联族参数"，系统弹出"关联族参数"对话框，点击对话框下方"新建参数"按钮，系统弹出"参数属性"对话框，将"名称"命名为"结构材质"，然后点击"确定"按钮，再点击关联族参数对话框中"确定"按钮。

5）载入项目中并进行放置。将防撞墩载入到项目并放置于桥头搭板上面任意位置。

6）进行防撞墩的归位，如图 6-47 所示。

7）镜像防撞墩，如图 6-48 所示。

8）设置材质。本例中将防撞墩的材质设置为"混凝土—现场浇注混凝土"。

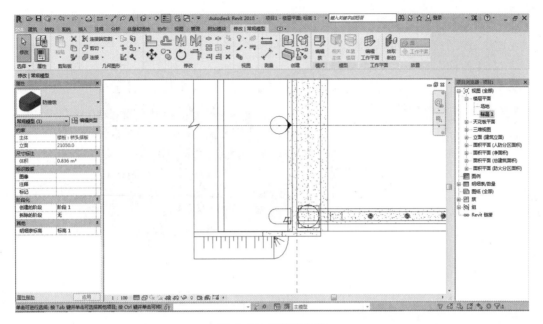

图 6-47 防撞墩归位

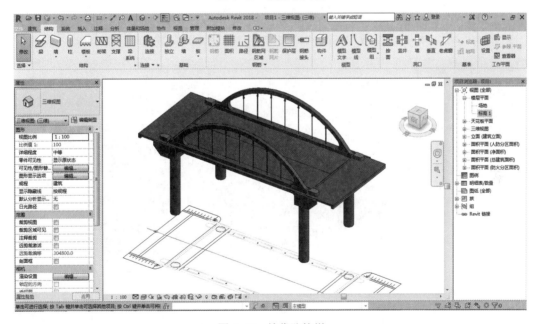

图 6-48 镜像防撞墩

6.9.5 创建桥面铺装

1. 创建桥面板的铺装

在本例中桥面板铺装厚度为 80mm，具体的创建步骤如下：

1）隔离桥面板和纵梁。

2）内建一个模型，将其命名为"铺装 1"。

3）设置工作平面。设置如图 6-49 所示的平面为工作平面。

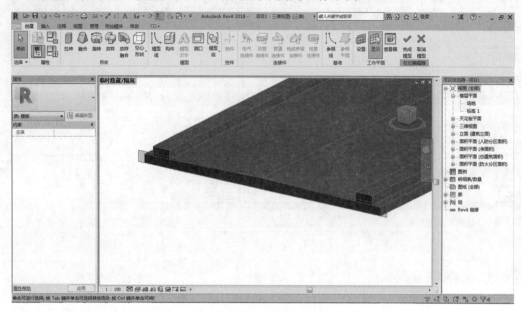

图 6-49　拾取工作平面

4）绘制轮廓。利用"绘制"区的命令绘制桥面板铺装的轮廓，如图 6-50 所示。

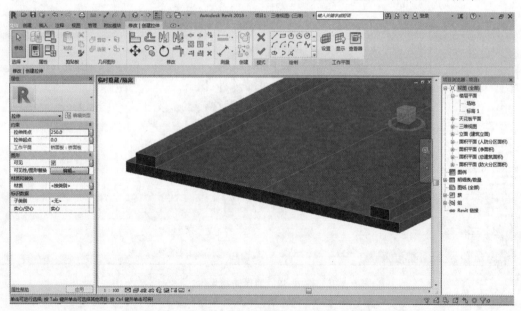

图 6-50　桥面板铺装轮廓

5）生成模型，然后通过三角形操作柄将铺装拖动到所需要的位置。

6）关联材质。选中桥面板铺装，然后点击属性面板中"材质"一栏右侧按钮"关联族参数"，系统弹出"关联族参数"对话框，选中对话框列表中"结构材质"，点击"确定"按钮，最后点击"完成模型"按钮。

7）设置材质。本例中将桥面铺装的材质设置为"沥青"。

2. 创建桥头搭板的铺装

在本案例中搭板铺装的厚度是：横桥向搭板两边 1500mm 范围内为 30mm，搭板中间厚度为 140mm。具体创建步骤如下：

1）隔离桥头搭板。

2）内建一个模型，将其命名为"铺装 2"。

3）设置工作平面。设置如图 6-51 所示的平面为工作平面。

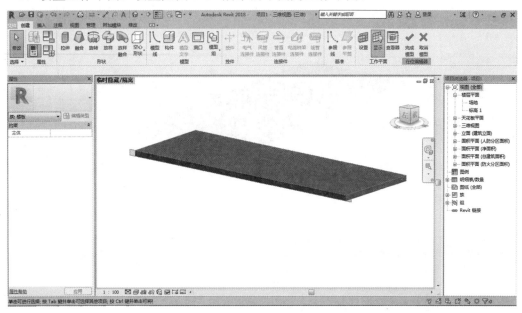

图 6-51　拾取工作平面

4）绘制轮廓。利用"绘制"区的命令绘制搭板铺装的轮廓，如图 6-52 所示。

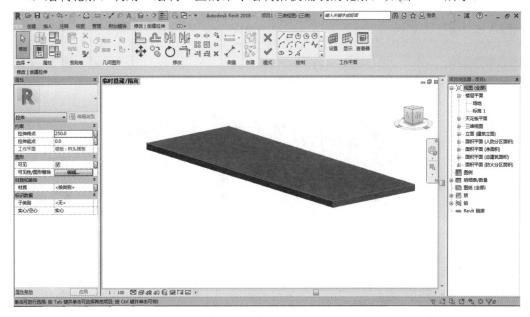

图 6-52　搭板铺装轮廓

5）生成模型，然后通过三角形操作柄将铺装拖动到所需要的位置。

6）关联材质。该步骤的操作同前文 6.9.5 小节。

7）设置材质。该步骤的操作同前文 6.9.5 小节，结果如图 6-53 所示。

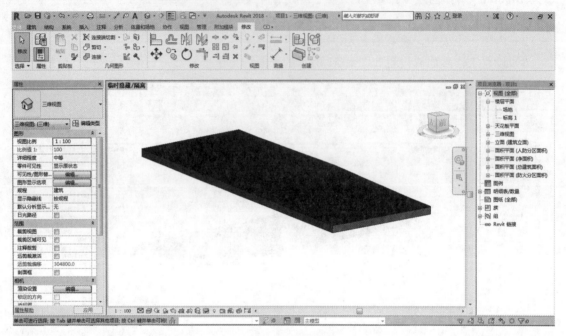

图 6-53　设置铺装材质

8）镜像搭板铺装。点击视图控制栏"临时隐藏/隔离"按钮，点击"重设临时隐藏/隔离"，利用"镜像"命令将搭板铺装镜像到桥的另一端，结果如图 6-54 所示。

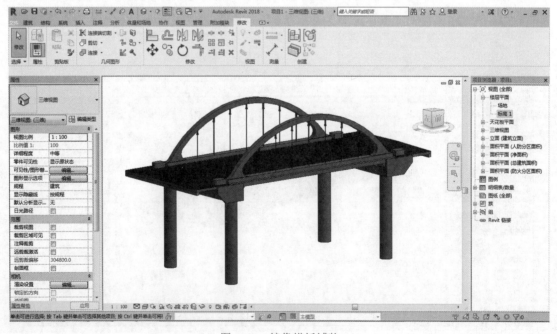

图 6-54　镜像搭板铺装

梦想从学习开始，事业从实践起步

宜昌下牢溪大桥（2017 年新建）

　　宜昌下牢溪大桥是三峡工程对外交通专用公路的重点工程，该桥位于 G348 武大线宜昌市西陵区境内，始建于 1972 年，这座服役 45 年（2017 年）的老桥，承载着一代三峡人的珍重回忆，诉说着老一辈公路人激情燃烧的岁月。在 2017 年，该桥被评定为四类危桥，需拆除新建，拟在该桥位重建一座跨径 86m 的上承式箱形拱桥，采用缆索支撑体系分段吊装施工。在改建工程中，为发展山区公路桥梁的绿色建造技术，以全寿命周期理念为先导，研究集成 BIM 建模技术，深化 BIM 技术在公路拱桥施工管理中的应用，并将该项目作为应用示范工程，将三维模型的建立、二维出图、工程量计算、施工进度管理、施工模拟、碰撞检查等内容纳入设计施工与管养一体化的应用研究中，根据需求开发相关设计模板以及运行插件，提出了一整套针对上承式拱桥施工管理系列过程的较为完整的解决方案。

　　BIM 技术是建筑行业发展至信息化时期的重要技术手段，是建筑工程、工程造价等专业实现"工匠精神"的重要抓手，体现了信息化时代对"工匠"技术的基本要求。

小　结

　　下承式拱桥是指桥面系设置在桥跨主要承重结构（桁架、拱肋、主梁等）下面的一种桥梁，本章下承式拱桥主要是由桥面板、吊杆和拱肋组合起来的一种结构体系。本章结合实际拱桥工程案例详细讲解拱桥 BIM 建模过程，包括桥台族、横梁族、拱肋族、吊杆族等部分建模。通过本章的学习，理解外建族文件与系统族文件的区别，学会应用不同的族样板创建相应的族文件，重点掌握桥台族、拱肋族、吊杆族的创建方法，尤其是 Revit 参数化设置，熟悉运用拉伸、旋转、对齐、复制、镜像等命令，为将来实际工程中 BIM 建模打下基础。

习　题

1. 在桥梁 BIM 建模中一般只保留参照（　　）。

　　A. 标高 1　　　　　　B. 标高 2　　　　　　C. 标高 3　　　　　　D. 标高 4

2. 为便于在建模过程中定位关键点，需要设置一些（　　）。

　　A. 工作平面　　　　　B. 关键平面　　　　　C. 参照平面　　　　　D. 线

3. 桥台设置参数时，一般设置为（　　）。

　　A. 一般参数　　　　　B. 特殊参数　　　　　C. 实例参数　　　　　D. 类型参数

4. 创建挡块和耳墙轮廓时，在"工作平面"对话框下拉选项中选择（　　）。

　　A. 参照平面：中心（前 / 后）　　　　　　B. 参照平面：中心（左 / 右）

　　C. 标高：参照标高　　　　　　　　　　　D. 以上都不是

5. 桥台的绘制，可以使用（　　）命令。

　　A. 拉伸　　　　　　　B. 空心拉伸　　　　　C. 融合　　　　　　　D. 空心放样

6. 创建横梁族，选用（　　）族样板。

　　A. 公制结构框架—梁和支承　　　　　　　B. 公制结构基础

　　C. 公制结构柱　　　　　　　　　　　　　D. 公制结构桁架

7. 调整横梁标高应通过修改（　　）。

　　A. X 轴偏移值　　　B. Y 轴偏移值　　　C. Z 轴偏移值　　　D. 横梁标高

8. 为方便绘制桥面板将横梁隔离出来进行参照，是选择（　　）。

　　A. 隐藏类别　　　　　B. 隔离类别　　　　　C. 隔离图元　　　　　D. 隐藏图元

9. 绘制拱肋轮廓应采用（　　）命令。

　　A. 线　　　　　　　　　　　　　　　　　B. 圆角弧

　　C. 拾取线　　　　　　　　　　　　　　　D. 起点—终点—半径弧

10. 创建吊杆族时采用（　　）命令。

　　A. 拉伸　　　　　　　B. 旋转　　　　　　　C. 融合　　　　　　　D. 放样

11. 在本案例中调整纵梁标高是通过修改（　　）。

　　A. X 轴偏移值　　　　　　　　　　　　　B. Y 轴偏移值

　　C. Z 轴偏移值　　　　　　　　　　　　　D. 起点标高偏移值和终点标高偏移值

12. 绘制拱肋轮廓，检查轮廓线是否闭合应采用（　　）命令。

　　A. 修剪 / 延伸为角　　　　　　　　　　　B. 拾取线

　　C. 圆角弧　　　　　　　　　　　　　　　D. 线

13. 拱肋厚度的修改应通过属性面板中的（　　）完成。

　　A. 拉伸终点　　　B. 拉伸起点　　　C. 工作平面　　　D. 实心 / 空心

14. 利用（　　）命名将减震器关键线与相对应的参照平面进行锁定。

　　A. 镜像　　　　　　　B. 对齐　　　　　　　C. 移动　　　　　　　D. 偏移

15. 调整吊杆标高应通过修改属性面板中的（　　）完成。

　　A. 偏移　　　　　　　B. Z 轴偏移值　　　　C. X 轴偏移值　　　　D. Y 轴偏移值

知识目标

1. 了解公制常规模型族样板、基于面的公制常规模型族样板的特性。
2. 掌握桥台族、索塔族、承台族、锯齿族、斜拉索族的创建方法。
3. 熟悉拉伸、空心拉伸、融合、放样融合、对齐、复制、镜像等命令的操作。

能力目标

1. 能够熟练应用各种命令创建索塔族、内建族、锯齿族、斜拉索族和桥台族。
2. 学会应用不同的族进行组合编辑创建斜拉桥。

详细的操作过程视频，请扫描以下二维码：

视频 7-1　定位底图

视频 7-2　创建支座

视频 7-3　创建索塔

视频 7-4　创建锚固块

视频 7-5　创建桥面板

视频 7-6　放置 A 类锯齿

视频 7-7　放置主梁锯齿

视频 7-8　创建斜拉索

视频 7-9　创建栏杆

知识导引

　　斜拉桥又称斜张桥，是将主梁用许多拉索直接拉在桥塔上的一种桥梁，是由承压的塔、受拉的索和承弯的梁体组合起来的一种结构体系，可看作是拉索代替支墩的多跨弹性支承连续梁，这种结构可使梁体内弯矩减小，降低建筑高度，减轻结构重量，节省材料。

斜拉桥主要由索塔、主梁和斜拉索组成。

本章使用 Revit 软件，结合实际工程案例，详细讲解斜拉桥 BIM 建模，包括桥台族、索塔族、承台族、锯齿族、斜拉索族等部分的建模过程。模型尺寸适当运用 Revit 参数化设置，可通过更改参数进行参变，对桥梁各部分族进行项目建模、拼装。对全面掌握 Revit 斜拉桥建模非常有帮助。

\\ 想一想

在创建各类族时，参数化建族的优势有哪些？

本项目为某公园景观斜拉桥，仅供行人行走，桥全长为 98500mm，桥面有效宽度为 6000mm，如图 7-1 所示，斜拉桥从左往右依次为：0 号桥台、1 号索塔、2 号锚固块。项目建模时遵循从左往右、从下往上的顺序，即依次进行 0 号桥台、1 号索塔、2 号锚固块的创建，然后创建桥面及桥面铺装、索塔锯齿、斜拉杆及锚固，最后设置斜拉桥栏杆及其他附属构件。在项目创建过程中，为了方便文件的管理，创建以下文件夹：

1）建模依据。用于存放斜拉桥 CAD 图纸文件。

2）族库。用于存放项目中创建的族文件。

3）项目文件。用于存放斜拉桥项目文件。

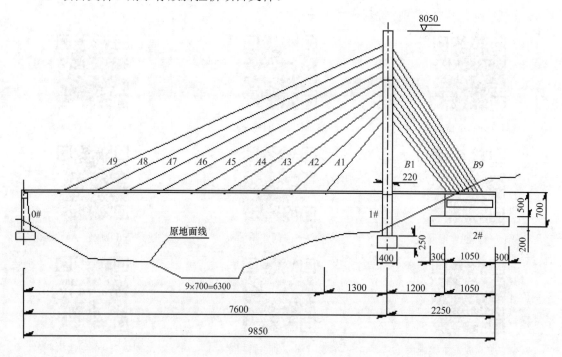

图 7-1　斜拉桥

7.1　定位底图

首先创建斜拉桥 Revit 项目文件，在桌面上选中 Revit 图标，双击鼠标左键，进入 Revit

主界面，如图 7-2 所示，依次按照顺序点击"新建"→"构造样板"→"确定"，如图 7-3 所示，进入项目创建窗口。

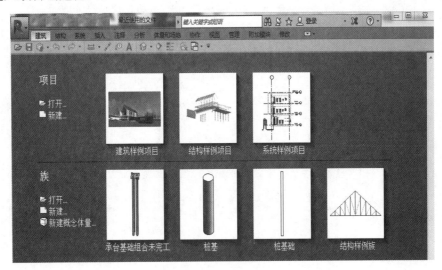

图 7-2　Revit 主界面

图 7-3　新建项目

1．创建标高

进入立面视图，创建标高 1，高程为 ±0.000；创建标高 2，高程为 48.000。删除系统原有的其余标高。

2．导入底图并定位

进入楼层平面场地标高视图，选择"插入"选项卡，点击"导入 CAD"，如图 7-4 所示。

图 7-4　导入 CAD

选择建模依据文件夹中的斜拉桥 s01 图纸，按图 7-5 所示进行设置，点击"打开"，将项目场地底图导入。场地底图的导入方便后期在建模过程中放置各类构件，提高建模速度。

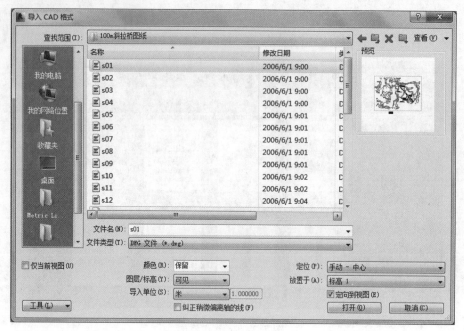

图 7-5　导入底图

　　将索塔中心作为项目的基点，选中底图，使用"移动"命令，将索塔中心移动到项目基点，如图 7-6 所示。点击基点坐标，将"南/北"及"东/西"坐标改为与索塔中心一致，如图 7-7 所示。

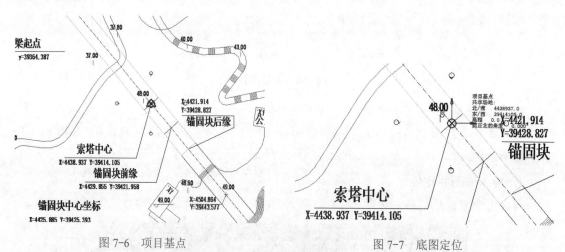

图 7-6　项目基点　　　　　　　　　　　　　　　图 7-7　底图定位

　　选中底图，选择"修改"选项卡，点击"锁定"按钮，如图 7-8 所示，将底图锁定。

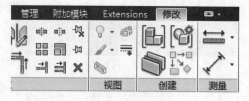

图 7-8　锁定底图

最后将项目保存到项目文件夹并将此项目命名为"斜拉桥"。

7.2　创建桥台

7.2.1　创建族文件

选中Revit图标，双击鼠标左键，进入Revit主界面，依次按照顺序点击"新建"→"族"→"公制结构基础族样板"→"打开"→"保存"→"族库"→"0 号桥台族"。

桥台具体创建方法、桥台各参数尺寸，见第 3 章 3.6 节的相关内容。

7.2.2　创建垫石并设置参数

进入"项目浏览器"选项栏→"楼层平面"，选中"参照标高"。应用"拉伸"命令绘制垫石轮廓，具体步骤："拉伸"→"绘制"（拾取线、直线），尺寸分别是 140mm、200mm、200mm →"修剪"→点击"√"。更改其位置及厚度，应用"镜像—拾取轴"命令绘制第 2 个垫石，如图 7-9 所示。

全选绘制的模型，在属性栏中点击材质右边的小长方形，如图 7-10 所示，把模型与结构材质进行关联。

图 7-9　绘制垫石

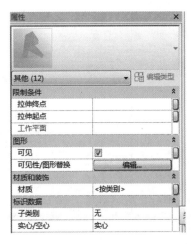

图 7-10　关联材质

修改材质：打开"族类型"属性面板→"结构材质"，点击如图 7-11 所示"材质浏览器"，新建橡胶材质，然后打开"资源浏览器"，搜索橡胶材质，选择合适材质，点击"替换"按钮进行材质替换，完成橡胶支座材质添加。

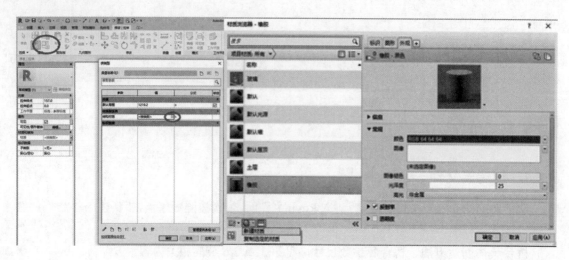

图 7-11　添加橡胶材质

混凝土结构材质的关联：进入桥台族三维视图，选择除橡胶支座外其他所有混凝土结构模型，使用框选方式然后按住【Shift】键进行减选，在属性面板点击"材质关联"按钮，新建现浇混凝土材质族参数，完成结构材质关联，如图 7-12 所示。

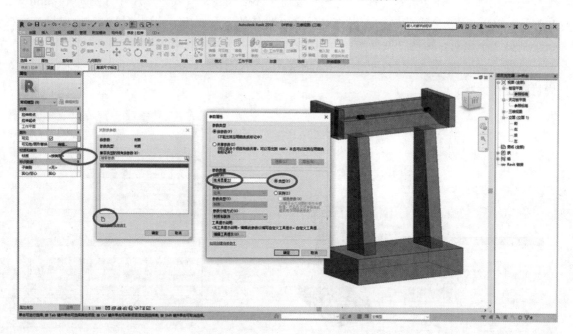

图 7-12　混凝土结构材质的关联

橡胶支座材质的关联：选择任一橡胶支座，在属性对话框中点击"编辑类型"，在弹出的"类型属性"对话框中点击"结构材质"栏的"关联"按钮，新建橡胶族类型参数，完成支座材质的关联，点击"保存"，如图 7-13 所示。

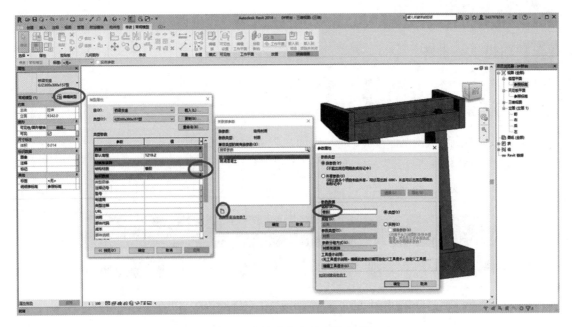

图 7-13 橡胶支座材质的关联

7.2.3 将桥台导入斜拉桥项目

最后保存族至族库文件夹，命名为"0 号桥台"，打开斜拉桥项目，点击"插入"选项卡→"载入族"，将 0 号桥台导入斜拉桥项目中，然后按顺序选择"建筑"→"构件"→"放置构件"，如图 7-14 所示。然后将鼠标光标放置在桥梁中线处，按【空格】键将桥台调整至合适方向，将 0 号桥台放置到指定位置。全选 0 号桥台，将 0 号桥台往上偏移 38000mm，如图 7-15 所示，保证桥台上面各点高程与实际一样，方便测量各点高程，最后保存项目。

图 7-14 界面选项卡

图 7-15 项目"属性"对话框

\\ 想一想

桥台材质如何设置？

7.3 创建 1 号索塔

7.3.1 导入索塔图纸

选中 Revit 图标,双击鼠标左键,进入 Revit 主界面,依次按照顺序点击"新建"→"族"→"公制常规模型"族样板→"打开"→"保存"→"族库"→"1 号索塔"。

进入前立面视图,选择"插入"选项卡,点击"导入 CAD",如图 7-16 所示。

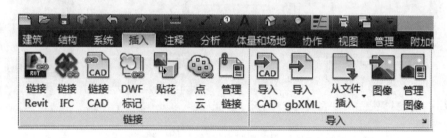

图 7-16 导入 CAD

选择建模依据文件夹中的斜拉桥 s02 图纸,按如图 7-17 所示进行设置,点击"打开",将 s02 图纸导入。将索塔最下端中心点移动到参照标高中心点作为插入点,如图 7-18 所示。

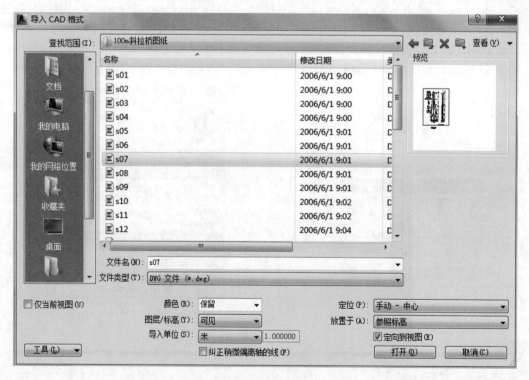

图 7-17 斜拉桥图纸

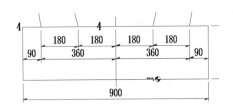

图 7-18　选定插入点

7.3.2　创建索塔基础

应用"拉伸"命令进行绘制，操作步骤：应用"拉伸"→"绘制"→"拾取线"命令，绘制如图 7-19 所示的矩形轮廓，点击"√"，在属性面板中设置拉伸终点为"2000.0"、拉伸起点为"-2000.0"，点击"完成编辑模式"，进入三维视图查看模型。

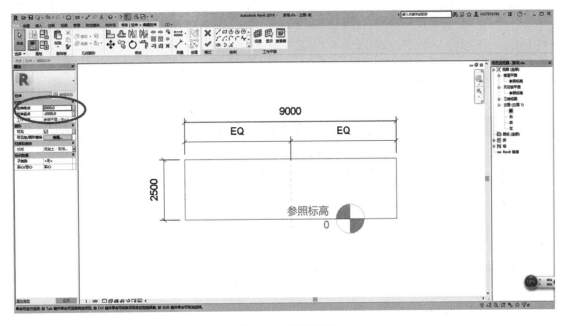

图 7-19　绘制轮廓

7.3.3　创建索塔塔柱

1．创建下塔柱

进入前立面视图，选择"实心拉伸"命令，以索塔基础顶部为起点按图 7-20 所示尺寸绘制索塔下塔柱前立面轮廓，并将拉伸起点设置为"-1100.0"，拉伸终点设置为"1100.0"，点击"完成编辑模式"。

2．创建上塔柱

进入前立面视图，选择"实心拉伸"命令，以索塔下塔柱顶部为起点按图 7-21 所示尺寸绘制索塔上塔柱前立面轮廓，并将拉伸起点设置为"-1100.0"，拉伸终点设置为"1100.0"，点击"完成编辑模式"。

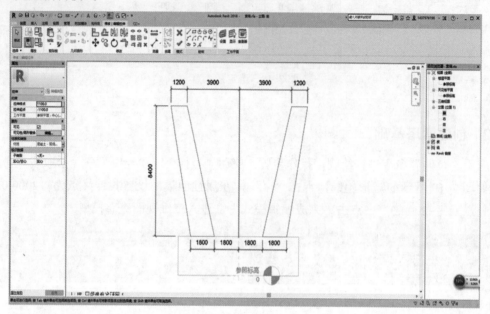

图 7-20　绘制下塔柱轮廓

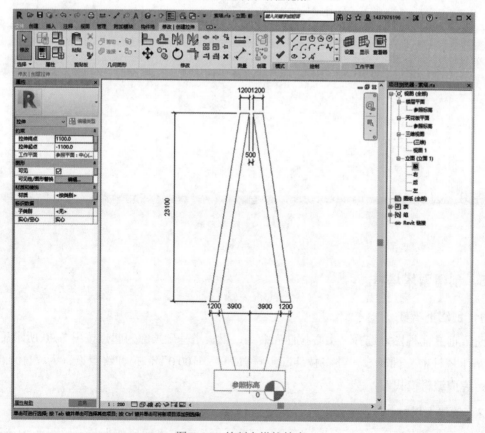

图 7-21　绘制上塔柱轮廓

3．创建竖塔柱

进入前立面视图，选择"实心拉伸"命令，以索塔上塔柱顶部为起点按图 7-22 所示尺寸绘制索塔上塔柱前立面轮廓，并将拉伸起点设置为"-1100.0"，拉伸终点设置为"1100.0"，点击"完成编辑模式"。

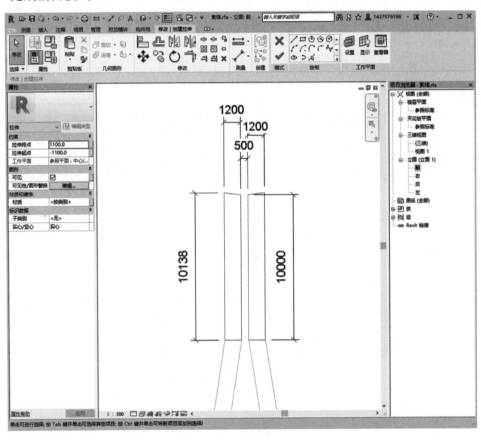

图 7-22　绘制竖塔柱轮廓

塔身三维视图如图 7-23 所示。

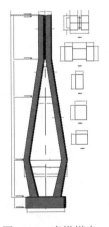

图 7-23　索塔塔身

7.3.4 创建索塔连系梁及连系板

以上述同样的方法创建连系梁及连系板，在属性面板中设置连系梁拉伸终点为"900.0"、拉伸起点为"−900.0"。连系板拉伸终点为"900.0"、拉伸起点为"−900.0"。索塔完成如图 7-24 所示。

关联材质：进入三维视图，选择索塔模型，在属性面板点击"材质关联"按钮，新建现浇混凝土材质族参数，完成结构材质的关联，如图 7-25 所示。

图 7-24 索塔

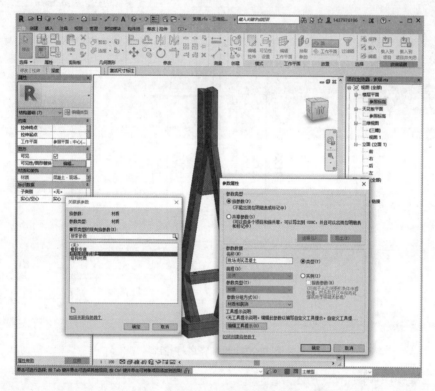

图 7-25 关联材质

7.3.5 将索塔导入斜拉桥项目

最后保存族至族库，打开斜拉桥项目，点击"插入"选项卡→"载入族"，将索塔导入斜拉桥项目中，然后按顺序选择"建筑"→"构件"→"放置构件"。然后将鼠标光标放置在桥梁中线处，按【空格】键将桥台调整至合适方向，将索塔放置在指定位置。全选索塔，调整高程为 36500mm。保证桥台上面各点高程与实际一样，方便测量各点高程，最后保存项目。

\\ 想一想

实例属性与类型属性的区别是什么？

7.4 创建 2 号锚固块

7.4.1 创建锚固块主体

选中 Revit 图标，双击鼠标左键，进入 Revit 主界面，依次按照顺序点击"新建"→"族"→"公制常规模型"族样板→"打开"→"保存"→"族库"→"2 号锚固块"。进入前立面视图，选择"插入"选项卡，点击"导入 CAD"，如图 7-26 所示。

图 7-26 导入 CAD 底图

选择建模依据文件夹中的斜拉桥 s03 图纸，点击"打开"，将 s03 图纸导入。将锚固块横断面图底部中心点移动至参照平面中心。

应用"拉伸"命令进行绘制。操作步骤：应用"拉伸"→"绘制"→"拾取线"命令，绘制如图 7-27 所示的轮廓，点击"√"，在属性面板中设置拉伸终点为"8250.0"、拉伸起点为"-8250.0"，模型如图 7-28 所示。

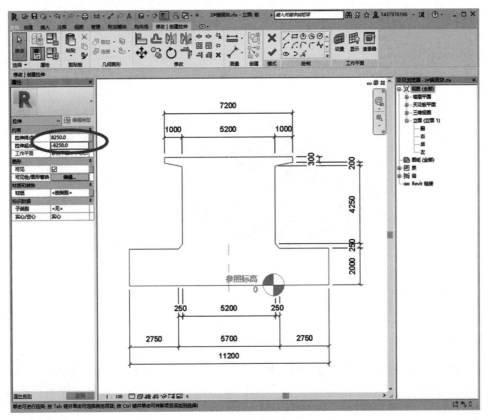

图 7-27 锚固块轮廓

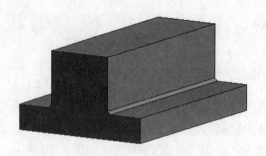

图 7-28　模型图

　　进入左立面视图，将 s03 图纸再次导入，移动图纸，将 $C—C$ 截面底面中点移动到所建模型中点，应用"空心拉伸"命令进行绘制。操作步骤：应用"空心拉伸"→"绘制"→"拾取线"命令，绘制如图 7-29 所示的轮廓，点击"√"，在属性面板中设置拉伸终点为"7000.0"、拉伸起点为"-7000.0"，模型如图 7-30 所示。

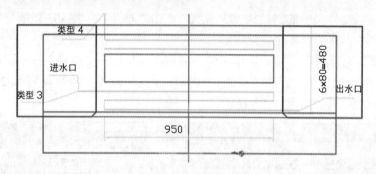

图 7-29　拉伸轮廓

图 7-30　锚固块模型

7.4.2　创建检修口

　　进入前立面视图，应用"空心拉伸"命令进行绘制。操作步骤：应用"空心拉伸"→"绘制"→"拾取线"命令，绘制如图 7-31 所示的轮廓，点击"√"，在属性面板中设置拉伸终点为"4750.0"、拉伸起点为"-4750.0"。

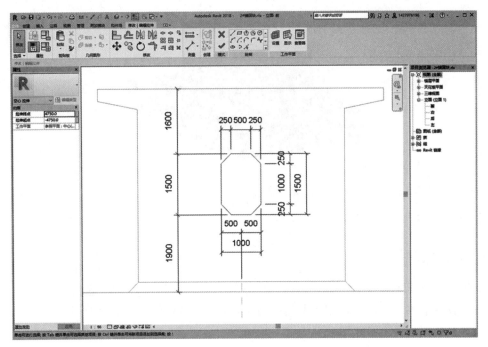

图 7-31 检修口轮廓（一）

　　再次进入前立面视图，应用"空心拉伸"命令进行绘制。操作步骤：应用"空心拉伸"→"绘制"→"拾取线"命令，绘制如图 7-32 所示的轮廓，点击"√"，在属性面板中设置拉伸终点为"5500.0"、拉伸起点为"0.0"。然后进行材质的关联，保存 2号锚固块，模型如图 7-33 所示。

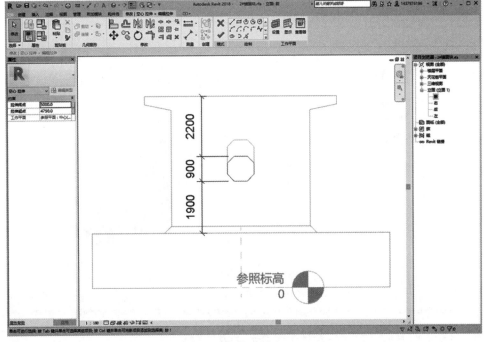

图 7-32 检修口轮廓（二）

图 7-33　锚固块模型

按照前述同样方法，进行材质的关联，将锚固块材质设置为"现浇混凝土"。

7.4.3　将锚固块导入至项目

保存 2 号锚固块至族库，将 2 号锚固块族导入到斜拉桥项目中，调整项目的视图范围如图 7-34 所示，移动锚固块位置至前后缘对齐，如图 7-35 所示，调整偏移量为"41000.0"，项目如图 7-36 所示。

图 7-34　视图范围

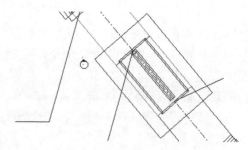

图 7-35　锚固块放置

图 7-36　斜拉桥项目

\\ 想一想

锚固块导入项目时，为什么要调整项目的视图范围？

7.5　创建桥面板

7.5.1　创建桥板

桥面板采用内建族的方式进行创建，选中 Revit 图标，双击鼠标左键，进入 Revit 主界面，依次按照顺序点击"打开"→"斜拉桥"→"建筑"→"构件"→"内建模型"→"常规模型"→"确定"，并将其命名为"桥面"，点击"确定"，进入内建模型的窗口。然后选择"创建"选项卡→"设置"→"拾取一个平面"，选择锚固块背面作为一个工作平面，如图 7-37 所示。

应用"拉伸"命令进行绘制。操作步骤：应用"拉伸"→"绘制"命令，在锚固块台背上沿绘制，轮廓如图 7-38 所示，点击"√"，并关联结构材质。

图 7-37　拾取面

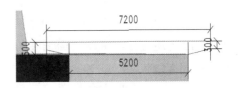

图 7-38　桥面轮廓

进入标高 1 平面，在 0 号桥台台背间隔 20mm 处绘制一参照平面。选中桥板，拖动如图 7-39 所示的左侧蓝色箭头，使桥板左侧与参照平面对齐，完成桥板绘制并保存项目。

图 7-39　桥面板

关联材质：选中桥面模型，将材质关联到族桥面材质中并点击"完成模型"，材质设置为"混凝土"。

7.5.2　创建桥面铺装

创建桥面铺装采用与创建桥板类似的方法，进行内建族的创建，依次按照顺序点击"建筑"→"构件"→"内建模型"→"常规模型"→"确定"，并将其命名为"桥面铺装"，点击"确定"，进入内建模型的窗口。然后选择"创建"选项卡→"设置"→"拾取一个平面"，选择锚固块背面作为一个工作平面，如图 7-40 所示。

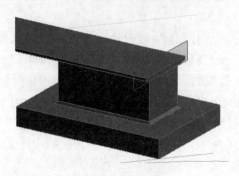

图 7-40 拾取面

应用"拉伸"命令进行绘制。操作步骤：应用"拉伸"→"绘制"命令，在桥板上沿绘制，轮廓如图 7-41 所示，点击"√"，并关联结构材质。

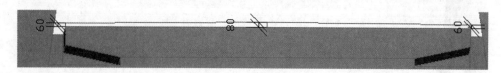

图 7-41 铺装轮廓

依照前面所述方法，拖动桥面铺装与下面的桥板重合，保存项目，完成桥面的铺装，项目如图 7-42 所示。

关联材质：选中桥面铺装模型，将材质关联到族桥面铺装材质中并点击"完成模型"，材质设置为"沥青混凝土"。

图 7-42 斜拉桥项目

\\ 想一想

设置桥面铺装的目的是什么？

7.6　创建各类锯齿

7.6.1　创建锚固块锯齿

为了便于对锯齿各参数进行更改，锚固块锯齿族采用参数化的方式进行创建。选中 Revit 图标，双击鼠标左键，进入 Revit 主界面，依次按照顺序点击"新建"→"族"→"基于面的公制常规模型"族样板→"打开"→"保存"→"族库"→"锚固块锯齿"。

锚固块锯齿尺寸见表 7-1，按照图 7-43 所示设置族参数（必须是实例参数）；按照图 7-44 所示进入前立面视图设置参照平面，注释后与对应的族参数相关联；按照图 7-45 所示进入左立面视图设置参照平面，注释后与对应的族参数相关联。

表 7-1　锚固块锯齿尺寸　　　　　　　　　　（单位：cm）

索　　号	B1	B2	B3	B4	B5	B6	B7	B8	B9
a	30.8	29.3	28.1	27.0	26.2	25.4	24.8	24.2	23.7
b	23.5	23.8	24.1	24.3	24.6	24.7	24.9	25.0	25.1
c	25.1	26.1	27.0	27.8	28.5	29.1	29.7	30.2	30.7
d	38.7	38.2	37.9	37.5	37.2	37.0	36.8	36.6	36.4

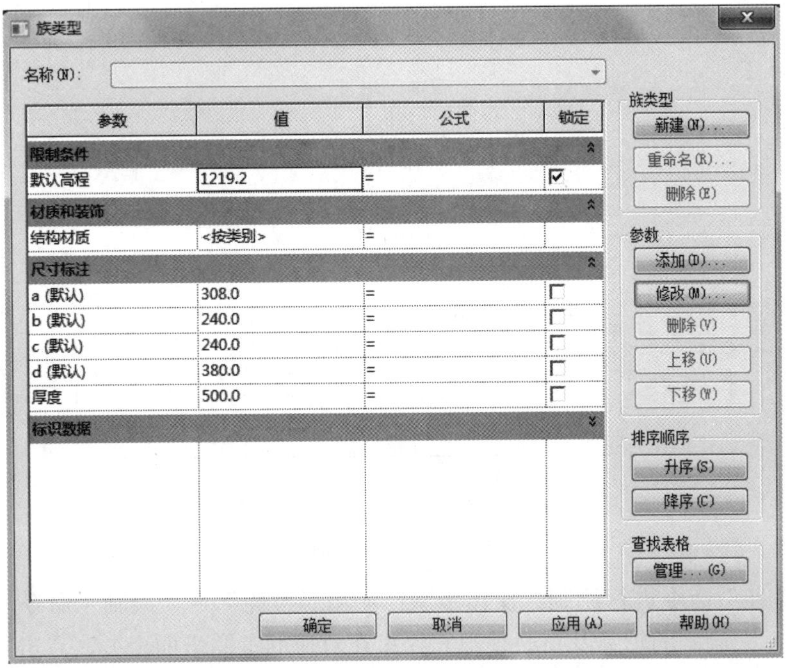

图 7-43　族参数

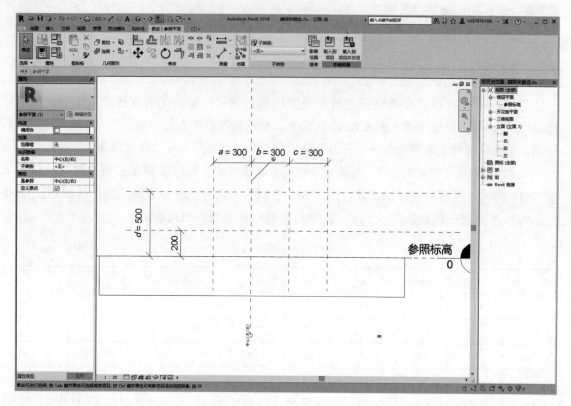

图 7-44　关联参数

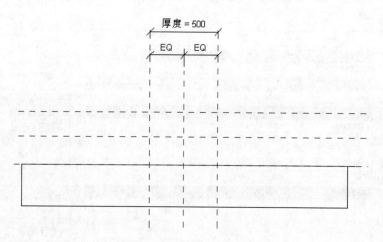

图 7-45　关联左立面参数

　　应用"拉伸"命令进行绘制。操作步骤：应用"拉伸"→"绘制"命令，绘制的轮廓如图 7-46 所示（绘制的轮廓及点必须把它约束在对应的参照平面上），点击"√"，在左立面视图中，拖动模型左右两侧，锁定到对应的参照平面上。

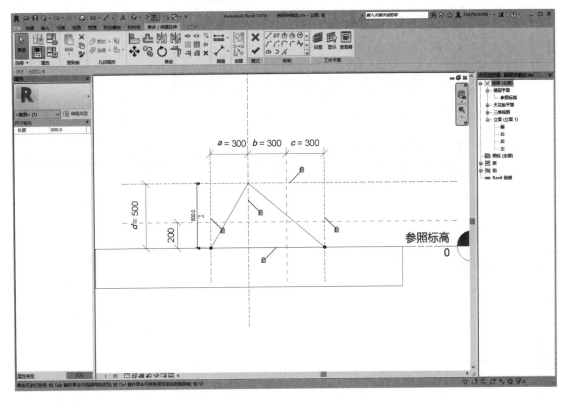

图 7-46 锁定锯齿轮廓

最后将模型与结构材质进行关联，模型如图 7-47 所示。

图 7-47 锚固块锯齿模型

7.6.2 载入锚固块锯齿

锚固块里面锯齿定位如图 7-48 所示，锯齿定位体系的创建：打开 2 号锚固块族文件，进入右立面视图，根据立面图所示创建如图 7-49 所示的参照平面，共 9 个，间距为 900mm，用于锯齿族嵌套定位。

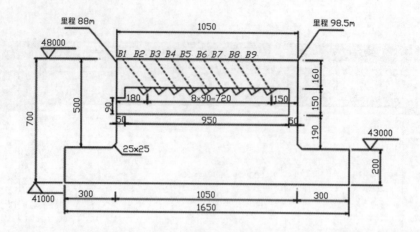

图 7-48　锚固块立面图

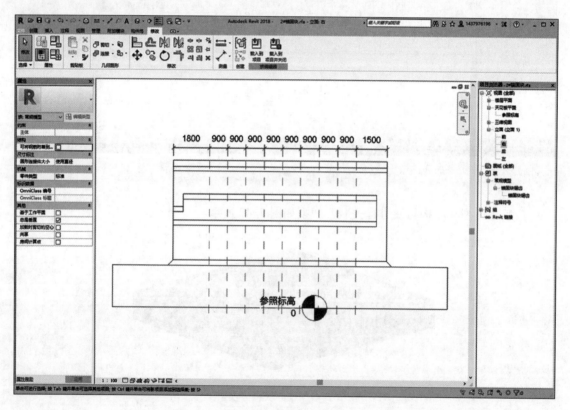

图 7-49　锯齿定位体系

视图范围设置：进入天花板平面参照标高，将属性面板切换到天花板平面属性，在范围对话框打开视图范围编辑，将剖切面偏移设置为"5000.0"，点击"确定"。

放置锯齿：在插入选项卡中点击"载入族"，将锚固块锯齿族载入到 2 号锚固块族中，选择锚固块锯齿族，拖动至绘图窗口，在修改选项卡中选择"放置在面上"，如图 7-50 所示进行放置（锯齿左右边线与预留孔顶部位置左右边线对齐）。

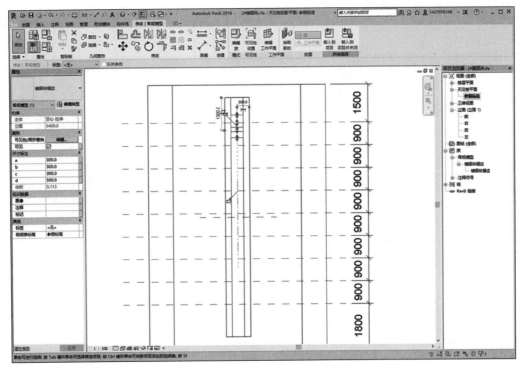

图 7-50 锯齿定位

进入右立面视图，调整锯齿方向，使锚固面在右侧，并将 *B9* 数据输入到锚固块锯齿实例属性中，如图 7-51 所示。

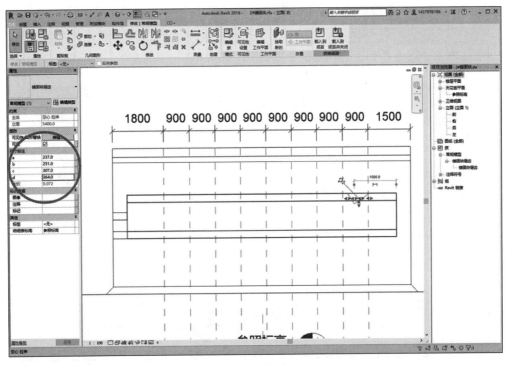

图 7-51 *B9* 锯齿尺寸

B9 锯齿定位：选中 B9 锯齿族，使用"移动"命令，水平移动至右侧参照平面，如图 7-52 所示。

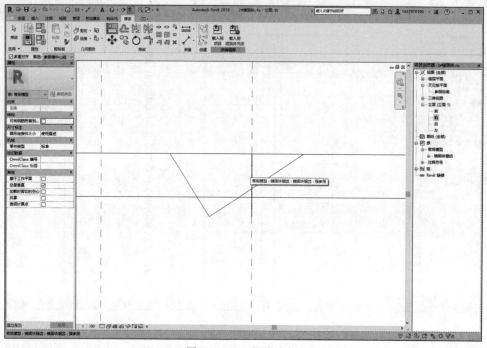

图 7-52　B9 锯齿定位

放置 B1 ~ B8 锯齿：使用"复制"命令逐一复制锯齿 B1 ~ B8，将各模型参数输入至模型实例属性中，并找到各模型锚固面上竖向墙参照平面，移动至对应参照平面，如图 7-53 所示。

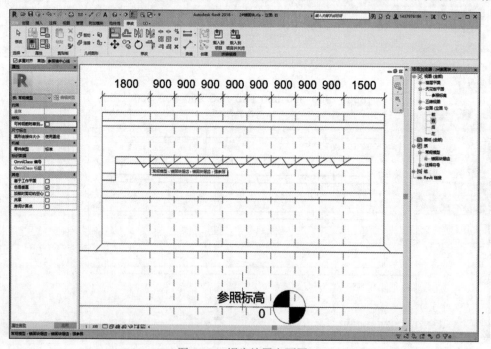

图 7-53　锯齿放置立面图

查看模型：进入三维视图，打开线框模式，查看模型，模型如图 7-54 所示，点击"保存"，完成锚固块锯齿族嵌套。

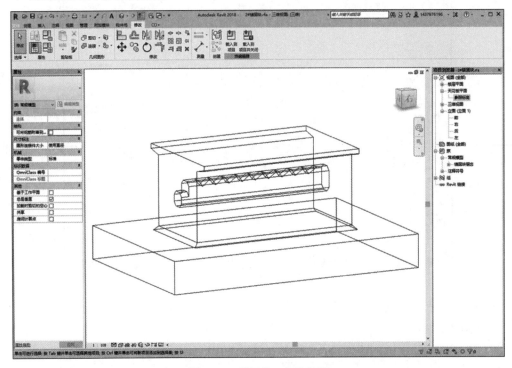

图 7-54 锚固块—锯齿视图

锯齿材质的关联：进入三维视图，选择任一锯齿族模型，在实例属性面板点击"编辑类型"，在弹出的"类型属性"对话框中将结构材质关联至 2 号锚固块族结构材质中。

保存模型，将模型导入斜拉桥项目中，更新项目中锚固块数据。

7.6.3 将索塔 A 类锯齿导入至项目

打开斜拉桥项目文件，将 A 类锯齿载入至斜拉桥项目中，A 类锯齿参数见表 7-2。A1 锯齿定位：进入场地标高平面视图，在索塔处创建一条平行于桥梁中线且距离中线 1712.5mm 的参照平面，如图 7-55 所示。

表 7-2 A 类锯齿参数

索 号	A1 点标高 /m	A2 点标高 /m	A3 点标高 /m	A4 点标高 /m	d1/cm	d2/cm	d3/cm	a（°）	g（°）
A1	65.037	64.900	64.701	64.356	18.4	13.6	33.0	50.84	83.75
A2	66.778	66.600	66.437	66.160	17.9	14.1	30.7	42.21	85.07
A3	68.517	68.300	68.123	67.909	17.6	14.4	29.1	36.60	85.74
A4	70.250	70.000	69.815	69.637	17.5	14.5	27.9	32.81	86.14
A5	71.979	71.700	71.509	71.355	17.3	14.7	27.0	30.08	86.68
A6	73.704	73.400	73.205	73.067	17.1	14.9	26.3	28.03	87.15
A7	75.425	75.100	74.903	74.776	17.0	15.0	25.7	26.56	87.51
A8	77.145	76.800	76.600	76.483	16.9	15.1	25.3	25.32	87.78
A9	78.862	78.500	78.299	78.189	16.8	15.2	24.9	24.22	88.00

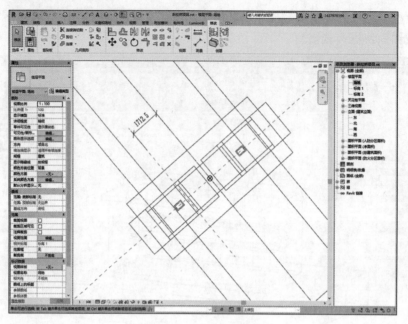

图 7-55　A1 锯齿定位线

放置锯齿：在建筑选项卡下点击"放置构件"，将构件放置在图中所示位置（注意锯齿方向），如图 7-56 所示。

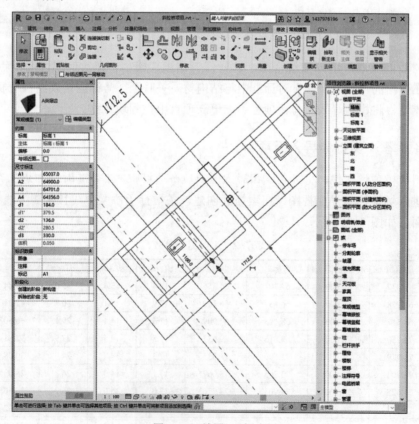

图 7-56　放置 A1 锯齿

　　调整参数：选中此锯齿族，将 *A1* 索号锯齿参数输入锯齿属性对话框中（参数输入过程中忽略警告），并在表示数据的标记栏中将此齿块标记为"*A1*"，如图 7-57 所示。

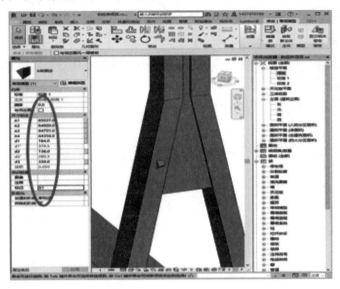

图 7-57　更改 *A1* 锯齿参数

　　A2 ～ *A9* 锯齿定位：*A2* 锯齿中心距离中线 1448.5mm，*A3* 锯齿中心距离中线 1184.5mm，*A4* 锯齿中心距离中线 920.5mm，*A5* ～ *A9* 锯齿中心距离中线 850mm，分别在场地视图创建参照平面进行锯齿定位，如图 7-58 所示。

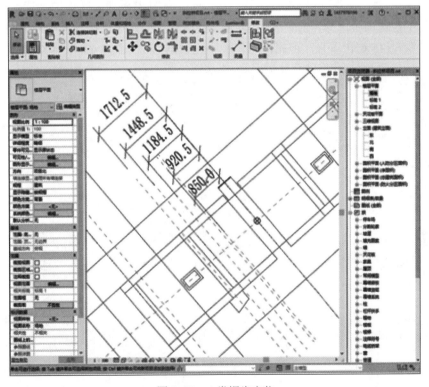

图 7-58　*A* 类锯齿定位

A2 ～ A5 锯齿的创建：将 A1 锯齿复制到 A2 参照平面处，并修改参数及名称标记，以同样的方式完成 A3 ～ A5 锯齿的创建，如图 7-59 所示。

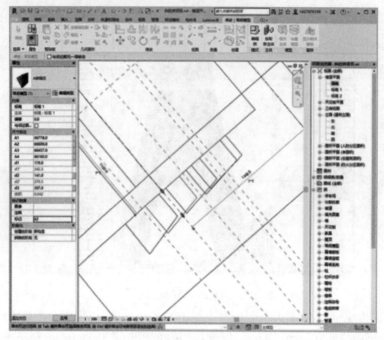

图 7-59　创建 A2 ～ A5 锯齿

A6 锯齿的创建：选中 A5 锯齿，在修改选项卡下的剪贴板功能区点击"复制"命令，在粘贴选项的下拉选项中选择"与同一位置对齐"，忽略警告，然后选择到新复制出的模型中（新复制出的模型与 A5 锯齿重合，但属性标记栏中无数据），如图 7-60 所示。

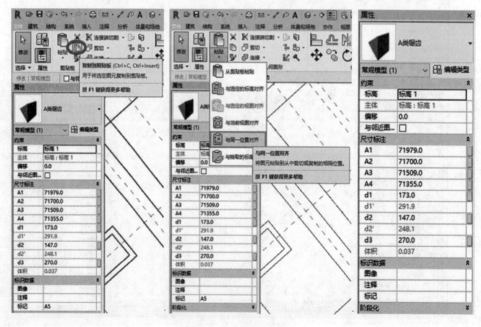

图 7-60　创建 A6 锯齿

$A7 \sim A9$ 锯齿的创建：将 $A6$ 锯齿的数据输入属性栏，并标记为"$A6$"，以同样的方式创建出 $A7 \sim A9$ 锯齿，完成后进入三维视图查看模型，如图 7-61 所示。

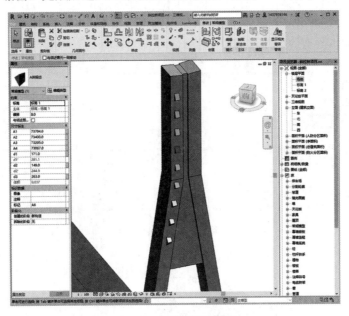

图 7-61　A 类锯齿模型

索塔 A 类锯齿的镜像：进入场地标高视图，选中一个锯齿后按快捷键【S】+【A】快速选择全部实例，并使用"镜像拾取轴"命令沿桥梁中线镜像。

标记名称：镜像完成后进入三维视图分别对镜像后的锯齿实例进行名称标记（可忽略警告）。锯齿完成图如图 7-62 所示。

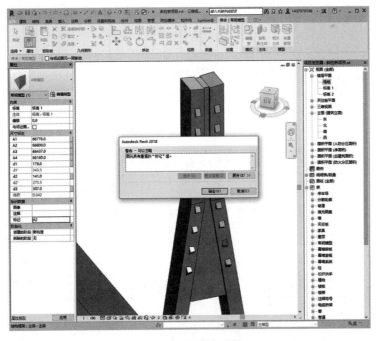

图 7-62　锯齿完成图

7.6.4　将索塔 B 类锯齿导入至项目

打开斜拉桥项目，进入场地标高平面视图，在插入选项卡中选择"载入族"命令，载入 B 类锯齿族，并在建筑选项卡下点击"放置构件"，将构件放置在如图 7-63 所示位置，将 B1 索号对应锯齿参数输入此实例属性栏，并添加名称标记为"B1"。

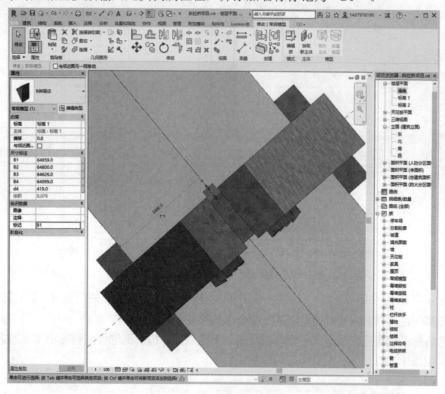

图 7-63　B1 锯齿放置位置

B2 ~ B9 锯齿的创建：选中 B1 锯齿，在修改选项卡下的剪贴板功能区点击"复制"命令，在粘贴选项的下拉选项中选择"与同一位置对齐"，忽略警告，然后选择到新复制出的模型（新复制出的模型与 B1 锯齿重合，但属性标记栏中无数据），将 B2 锯齿的数据（见表 7-3）输入属性栏，并标记为"B2"，以同样的方式创建出 B3 ~ B9，完成后进入三维视图查看模型，如图 7-64 所示。

表 7-3　B 类锯齿参数表

索　号	B1 点标高 /m	B2 点标高 /m	B3 点标高 /m	B4 点标高 /m	d4/cm	α（°）
B1	64.959	64.800	64.626	64.099	41.9	51.58
B2	66.853	66.700	66.530	65.978	42.2	52.67
B3	68.748	68.600	68.433	67.860	42.5	53.55
B4	70.644	70.500	70.336	69.743	42.7	54.32
B5	72.541	72.400	72.239	71.628	42.9	55.03
B6	74.437	74.300	74.142	73.514	43.1	55.62
B7	76.335	76.200	76.044	75.402	43.2	56.14
B8	78.232	78.100	77.946	77.290	43.4	56.61
B9	80.130	80.000	79.847	79.179	43.5	57.04

修改材质：选中一个 B 类锯齿，打开编辑类型属性对话框，将材质修改为相应的混凝土材质。

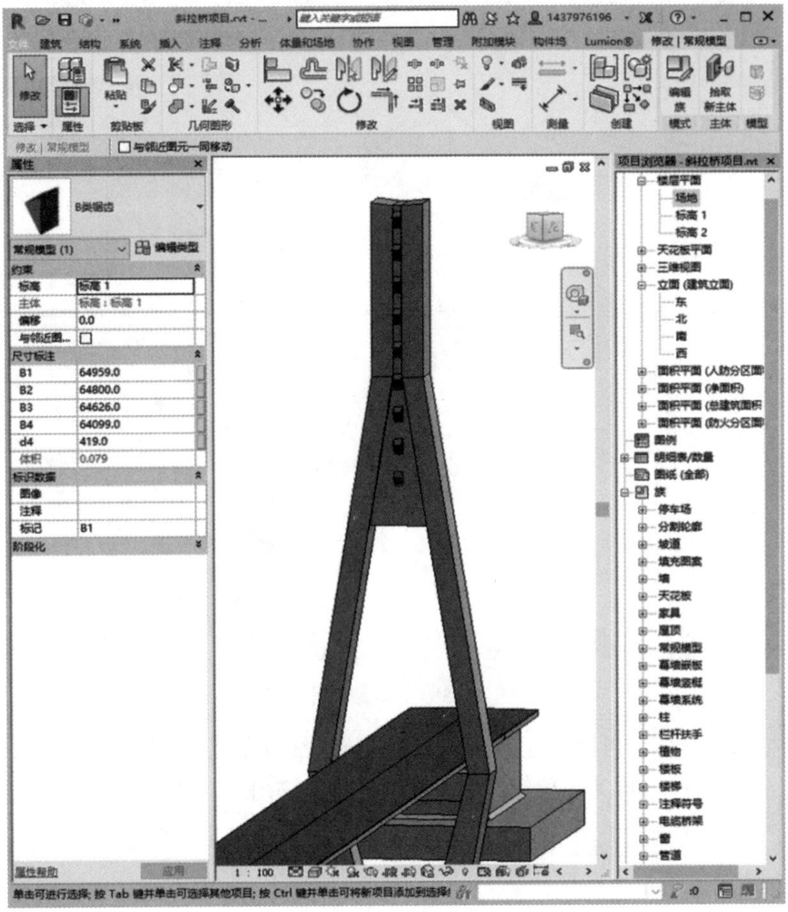

图 7-64　锯齿完成图

7.6.5　将主梁锯齿导入至项目

主梁锯齿构造尺寸见表 7-4。主梁锯齿竖桥向定位：进入场地标高视图，绘制 9 个参照平面，距索塔中心参照平面距离如图 7-65 所示。

表 7-4　主梁锯齿尺寸

索　号	里程 /km	标高 /m	α（°）	β（°）	γ（°）	a/cm	b/cm	c/cm
A1	7	47.44	50.69	84.89	83.75	24.5	17.0	16.3
A2	14	47.44	41.84	84.54	85.07	18.0	14.7	22.2
A3	21	47.44	36.27	84.24	85.74	14.8	13.1	27.1
A4	28	47.44	32.41	83.98	86.14	12.8	11.9	31.2
A5	35	47.44	29.64	84.23	86.68	11.5	11.0	34.8
A6	42	47.44	27.55	84.61	87.15	10.5	10.3	38.0
A7	49	47.44	25.80	84.87	87.51	9.8	9.7	40.7
A8	56	47.44	24.47	85.15	87.78	9.3	9.3	43.1
A9	63	47.44	23.47	85.42	88.00	8.8	8.9	45.2

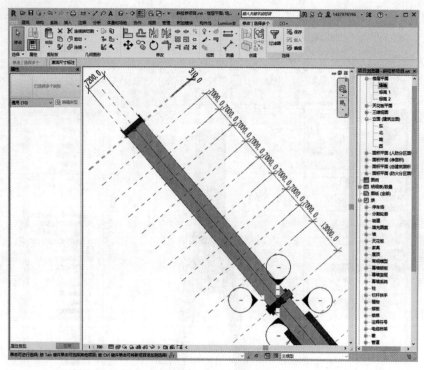

图 7-65　主梁参照平面

主梁锯齿横桥向定位：再次新建一个平行于桥梁边线且距离为 300mm 的参照平面，与上一步所建 9 个参照平面的交点即为主梁锯齿锚固面上的索具锚固点（即锯齿插入点），如图 7-66 所示。

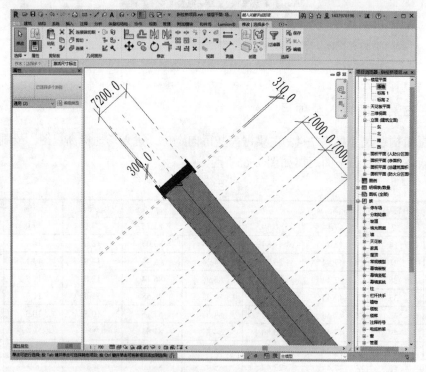

图 7-66　确定锯齿插入点

A1 索号主梁锯齿布置：载入主梁锯齿族，并放置在第一个交点处（注意锯齿方向，大三角面在外侧，小三角面在内侧，锚固面在远离索塔侧），如图 7-67 所示。

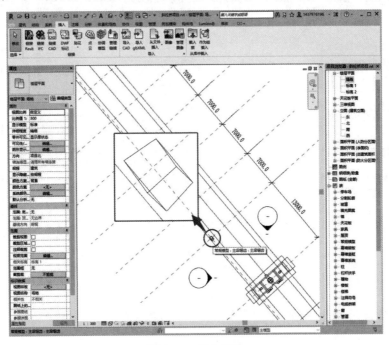

图 7-67　插入锯齿

调整参数：选中此锯齿，输入对应 *A1* 索号主梁锯齿参数，包括标高、*b*、*α*、*β*（标高输入在偏移栏，单位为 mm），并标记为"*A1*"，如图 7-68 所示。

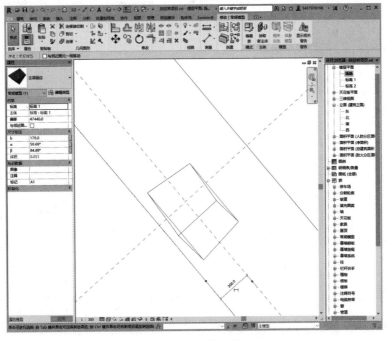

图 7-68　调整参数

以上述同样方式完成 *A2* ~ *A9* 索号主梁锯齿的布置，如图 7-69 所示。

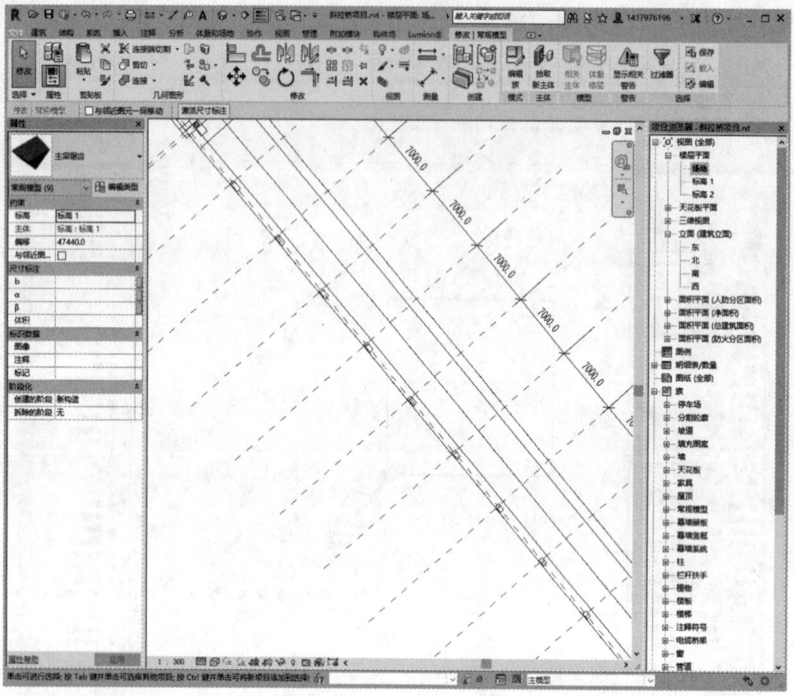

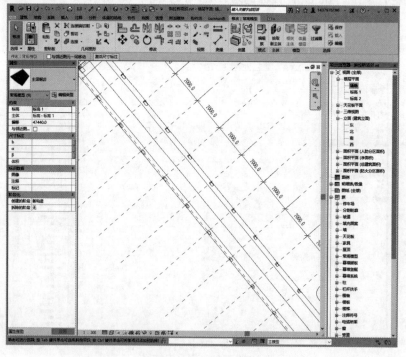

图 7-69　单排锯齿

锯齿镜像：选择全部主梁锯齿实例，沿桥梁中线镜像，并分别进行名称标记，完成后
进入三维视图查看模型，如图 7-70 所示。

图 7-70　锯齿完成图

修改材质：选中一个主梁锯齿，打开编辑类型属性对话框，将材质修改为相应的混凝土材质。

\\ 想一想

各类锯齿族创建的时候，族类别为什么是实例参数？

7.7 创建及安装斜拉索

斜拉索的创建采用自适应常规模型的创建方法，选中 Revit 图标，双击鼠标左键，进入 Revit 主界面，依次按照顺序点击"新建"→"族"→"自适应常规模型"族样板→"打开"→"保存"→"族库"→"斜拉索"。

选中底平面，按顺序选择"修改选项卡"→"绘制"→"点图元"，如图 7-71 所示，在底面绘制两个点，如图 7-72 所示；然后按住【Ctrl】键选择这两个点，按顺序选择"修改选项卡"→"自适应构件"→"使自适应"，如图 7-73 所示；再次按住【Ctrl】键选择这两个点，按顺序选择"修改选项卡"→"绘制"→"通过点的样条曲线"；选择第 2 个点的一个平面，按顺序选择"修改选项卡"→"绘制"→"圆形"，绘制 500mm 的圆。同时选中圆与连接线，按顺序选择"修改选项卡"→"形状"→"创建形状"→"实心形状"，将实体与结构材质关联，如图 7-74 所示，完成斜拉索的创建。保存族并将其插入到斜拉桥项目中，分别选中斜拉索的起点及终点即可创建斜拉索，如图 7-75 所示。

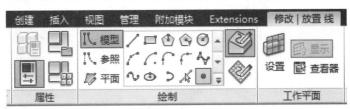

图 7-71 选项卡

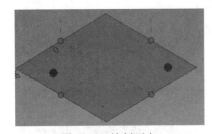

图 7-72 绘制两点

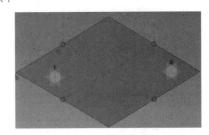

图 7-73 自适应构件

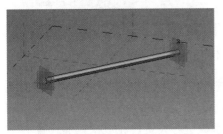

图 7-74 创建完成

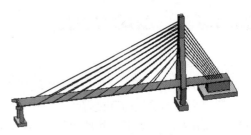

图 7-75 斜拉桥项目

\\ 想一想

斜拉索还有其他创建方式吗?

7.8 创建斜拉桥栏杆

使用系统族来绘制栏杆，依次按照顺序点击"打开"→"项目"→"模型文件"→"斜拉桥"，打开斜拉桥项目，进入标高1视图。依次按照顺序点击"建筑"→"楼梯坡道"→"栏杆扶手"→"绘制路径"，进入栏杆扶手绘制界面。点击工具栏中的"拾取新主体"，拾取桥面为新主体，依照绘制栏杆路径（平行于桥梁边线，距离为600mm），底部偏移设置为"48000.0"，点击"√"，完成栏杆的初步绘制，如图7-76所示。

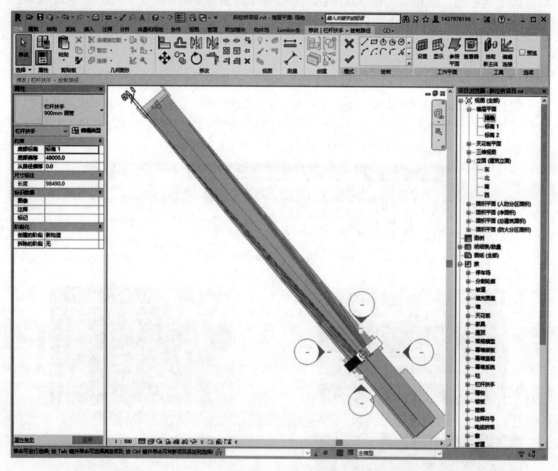

图7-76 绘制路径

选中所绘栏杆，点击属性栏中的"编辑类型"，进入栏杆类型的编辑，复制类型名称为"桥梁护栏"，将顶部扶栏高度设置为"1050.0"，类型设置为"圆形-100"，点击"扶栏结构（非连续）"如图7-77所示，并按照如图7-78所示的参数进行设置，完成扶栏的设置。

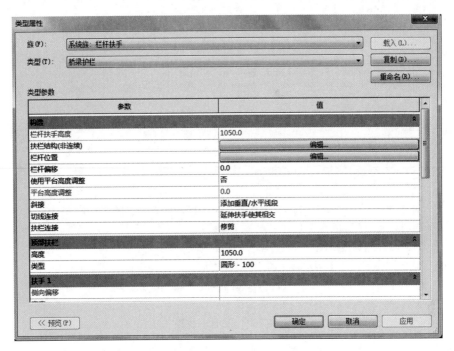

图 7-77 扶栏结构的编辑

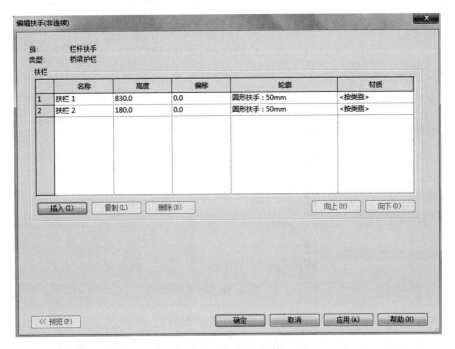

图 7-78 扶栏的设置

对栏杆进行设置，按照如图 7-79 所示的参数进行设置，最后点击"确定"，利用"镜像"命令，绘制桥梁另外一侧的栏杆。

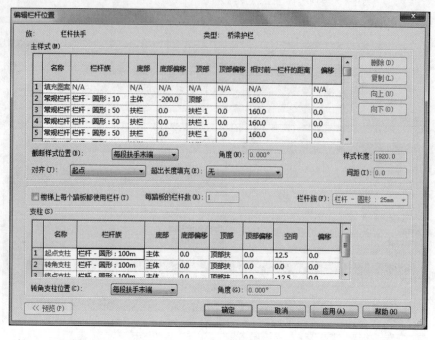

图 7-79　栏杆的设置

护栏扶手材质的修改：选中护栏，打开编辑类型属性对话框，分别展开顶部扶栏类型属性对话框和扶栏结构（非连续）编辑对话框，将材质修改为"不锈钢"材质，如图 7-80 所示。

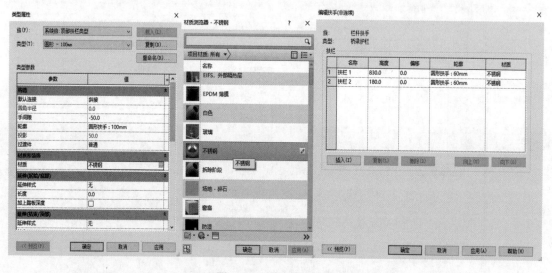

图 7-80　修改扶手材质

护栏栏杆材质的修改：在项目浏览器的族目录中找到"栏杆—圆形"族并展开，在相应类型上单击鼠标右键，打开类型属性对话框，分别切换到不同类型并修改栏杆材质为"不锈钢"，如图 7-81 所示。

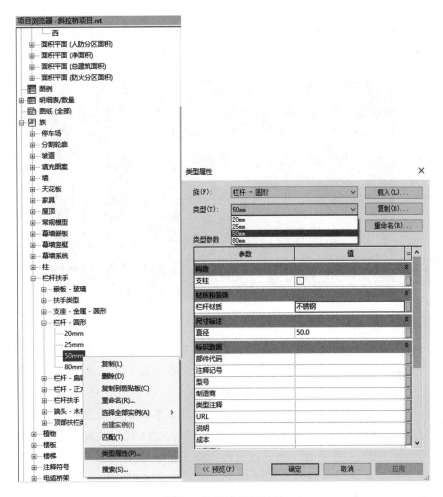

图 7-81　修改栏杆材质

最终完成的模型如图 7-82 所示。

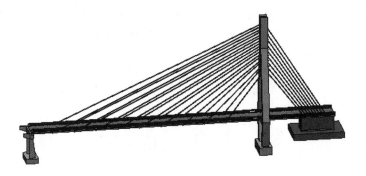

图 7-82　斜拉桥模型

\\ 想一想

栏杆创建还有别的方法吗？试探索一种新的创建栏杆的方法。

梦想从学习开始，事业从实践起步

新白沙沱长江特大桥

新白沙沱长江特大桥位于重庆市长江白沙沱河段，是世界上首座跨度最大、载荷最大的双层六线铁路钢桁梁斜拉桥。由于桥址地处艰险山区和长江天堑，环境复杂、施工场地受限，又跨越多条既有线路，施工安全问题突出。该桥在建造过程中利用 BIM 技术对全桥进行整体规划和设计，并将 BIM 技术延伸到成本控制、进度管理等各个环节。具体在施工过程中，将拉索索力与杆件应力监测数据与 BIM 模型集成，将索力传感器监测到的数据传输至 BIM 应用平台，并通过图形平台实现数据可视化，为施工的安全管理提供信息支持。特别是在跨线顶推施工过程中，必须在要点时间内完成顶推工作，BIM 技术在优化施工方案、加强安全控制、提高作业效率等方面发挥了巨大作用。

大桥施工过程中，大量的高处作业和水上作业对所有的参建人员都是严峻的考验，通过 BIM 技术的可视化交底对参建人员进行培训，使他们充分理解各工序的作业内容、技术要点，以及各自的责任分工、配合方式、安全注意事项等，消除他们在工作中的盲目性和恐惧心理，增强他们的参与意识和责任意识，有效提高了参建人员的工作效率，降低了工程的安全风险。

小　结

本章主要介绍斜拉桥模型的创建方法，通过学习，要学会应用不同的族样板创建相应的族文件，重点掌握承台族、索塔族、桥台族的创建方法；熟练应用拉伸、空心拉伸、融合、对齐、复制、镜像等命令，并将所创建的族应用于项目文件中，完成项目的创建，为将来实际工程中使用 Revit 软件创建项目奠定基础。

习　题

1. 使用（　　）快捷键会隐藏选中的构件。

　　A.【F】+【F】　　B.【G】+【G】　　C.【H】+【H】　　D.【J】+【J】

2. 在 Revit 操作中关闭了项目浏览器，可以采用（　　）打开。

　　A. 视图选项卡→切换窗口→项目浏览器

　　B. 管理选项卡→对象样式→项目浏览器

　　C. 视图选项卡→用户界面→项目浏览器

　　D. 管理选项卡→其他设置→项目浏览器

3. 设置工作平面的方法有（　　）。

　　A. 根据名称　　　　　　　　　　　B. 拾取一个平面

　　C. 拾取线并使用绘制该线的工作平面　D. 以上方法都对

4. 管理选项卡中的（　　）选项可以设置图元材质。

　　A. 材质　　　　　B. 对象样式　　　　C. 项目参数　　　　D. 结构设置

5. 以下（　　）不是创建族的工具。

　　A. 拉伸　　　　　B. 融合　　　　　C. 扭转　　　　　D. 放样

6. "实心放样"命令的用法，错误的是（　　）。

　　A. 必须指定轮廓和放样路径　　　　B. 路径可以是样条曲线

　　C. 轮廓可以是不封闭的线段　　　　D. 路径可以是不封闭的线段

7. 下列（　　）不属于族类型。

　　A. 系统族　　　　B. 项目族　　　　C. 内建族　　　　D. 可载入族

8. 采用（　　）可将临时尺寸标注更改为永久尺寸标注。

　　A. 单击尺寸标注附近的尺寸标注符号　B. 双击临时尺寸符号

　　C. 锁定　　　　　　　　　　　　　　D. 无法互相更改

9. 下列不属于强参照线的是（　　）。

　　A. 左　　　　　　B. 顶　　　　　　C. 左右中心　　　　D. 尺寸标注

10. 选择了第一个图元之后，按住（　　）键可以继续选择添加或删除相同图元。

　　A.【Shift】键　　B.【Ctrl】键　　C.【Alt】键　　D.【Tab】键

11. $\overline{\,}\underset{-1.450}{\triangle}\overline{}$ 的标高类型为（　　）。

　　A. 零标高　　　　B. 上标高　　　　C. 下标高　　　　D. 中标高

12. Revit 项目文件的扩展文件名称是（　　）。

　　A. rvp　　　　　B. rvt　　　　　C. rfa　　　　　D. rft

13. 如将首层构件复制到二层，在粘贴时应选取的命令是（　　）。

　　A. 与选定的标高对齐　　B. 从剪贴板中粘贴　　C. 与选定的视图对齐　　D. 与当前视图对齐

第**8**章 创建悬索桥

知识目标

1. 了解悬索桥的基本构造。
2. 掌握悬索桥的建模原理。

能力目标

1. 能够使用参数化方法建模。
2. 学会自适应模型创建。
3. 能够独立完成悬索桥项目建模。

详细的操作过程视频，请扫描以下二维码：

视频 8-1　创建桩承台基础模型

视频 8-2　创建索塔模型

视频 8-3　创建主梁模型

视频 8-4　创建索夹模型

视频 8-5　创建吊杆模型

视频 8-6　项目拼装

知识导引

　　参数化建模是用专业知识和规则来确定几何参数和约束的一套建模方法。从理论上说，BIM 和参数化并没有必然联系，不用参数化建模也可以实现 BIM，但从系统实现的复杂性、操作的易用性、处理速度的可行性、软硬件技术的支持性等几个角度综合考虑，就目前的技术水平和能力来看，参数化建模是 BIM 得以真正成为生产力的不可或缺的基础。

　　尤其是对于大型工程项目，如图 8-1 所示，如何与 BIM 技术相结合才能顺利快速地完成工程？本章节项目将使用 BIM 建模软件，把工程项目信息参数化、数字化并形成一个完整的模型。

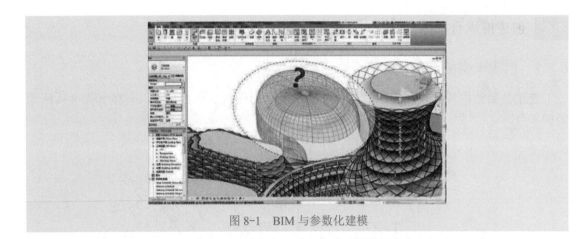

图 8-1　BIM 与参数化建模

\\ 想一想

Revit 软件有哪些功能可以运用到桥梁工程建设当中？

8.1　悬索桥项目分解

悬索桥又名吊桥（Suspension Bridge），指的是以通过索塔悬挂并锚固于两岸（或桥两端）的缆索（或钢链）作为上部结构主要承重构件的桥梁。其缆索几何形状由力的平衡条件决定，一般接近于抛物线。从缆索垂下许多吊杆，把桥面吊住，在桥面和吊杆之间常设置加劲梁，同缆索形成组合体系，以减小荷载所引起的挠度变形。

如图 8-2 所示，本桥为自锚式悬索桥，跨径组合为 25m+70m+25m，桥宽 8m，主桥两端采用螺旋扶梯，桥塔处设置四个观景平台。

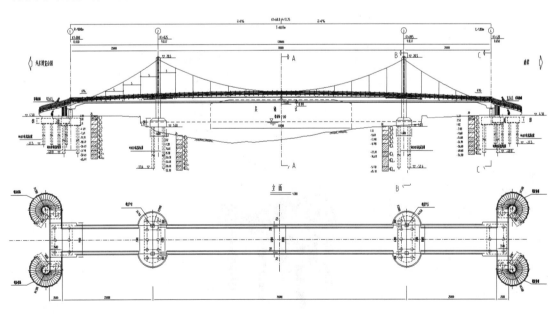

图 8-2　自锚式悬索桥

8.2 创建桩承台基础

8.2.1 创建楼梯桩承台

使用公制结构基础族样板，根据如图 8-3 所示的楼梯桩承台尺寸，创建如图 8-4 所示的桩承台。

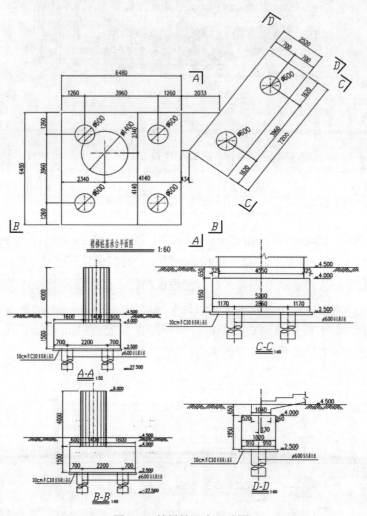

图 8-3 楼梯桩承台尺寸图

图 8-4 楼梯桩承台模型

8.2.2　创建 1#、4# 桩承台

1#、4# 桩承台尺寸相同，长为 5600mm，宽为 8000mm，厚为 2000mm，桩基直径为 800mm，长度为 42000mm，嵌入 150mm。使用公制结构基础族样板，根据如图 8-5 所示的桩承台尺寸，创建如图 8-6 所示的桩承台。

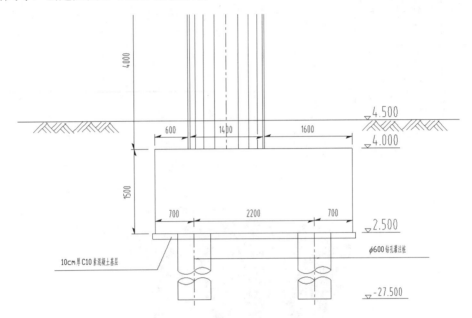

图 8-5　1#、4# 桩承台尺寸图

图 8-6　1#、4# 桩承台模型图

8.2.3　创建 2#、3# 桩承台

2#、3# 桩承台尺寸相同，长为 5600mm，宽为 8000mm，厚为 2000mm，桩基直径为 800mm，长度为 42000mm，嵌入 150mm。使用公制结构基础族样板，根据如图 8-7 所示的桩承台尺寸，创建如图 8-8 所示的桩承台。

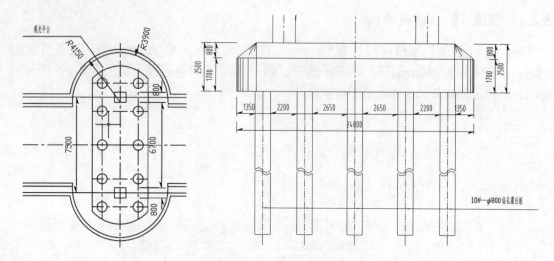

图 8-7　2#、3# 桩承台尺寸

图 8-8　2#、3# 桩承台模型

8.3　创建索塔

8.3.1　创建塔柱及柱间横梁

打开公制结构柱族样板，使用"拉伸"命令创建下塔柱及横梁，如图 8-9 所示。

图 8-9　下塔柱及横梁模型

　　创建上塔柱及塔尖：创建上塔柱使用"拉伸"命令，塔尖部分可以先拉伸出三角块，然后用"空心拉伸"命令剪切掉另一侧多余部分，如图 8-10 所示。

图 8-10　上塔柱及塔尖模型

8.3.2　创建装饰槽及鞍座预留孔

　　创建上塔柱侧面装饰槽：使用"空心融合"命令创建上塔柱侧面装饰槽，如图 8-11 所示。

图 8-11　上塔柱侧面装饰槽

　　创建鞍座预留孔：使用"空心拉伸"及"空心放样"命令创建鞍座预留孔，如图 8-12 所示。

图 8-12　鞍座预留孔模型

8.4 创建主梁

8.4.1 创建不同截面箱梁族

使用梁族，打开立面视图，采用"拉伸"命令，根据不同横截面创立箱梁的模型。

使用"参照平面"，根据所给尺寸绘制参照线，点击"拉伸"命令，如图 8-13 所示，用"线"绘制一半轮廓，选择轮廓，点击镜像命令下的"拾取对称轴"，拾取并点击中心线，完成绘制。

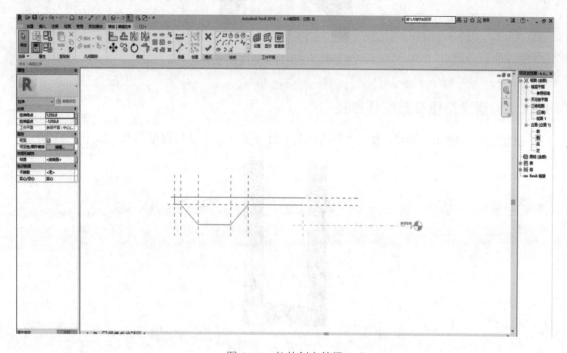

图 8-13　拉伸创立箱梁

依次绘制 *A-A*（图 8-14）、*B-B*（图 8-15）、*D-D*（图 8-16）段箱梁，并关联材质。箱梁最终模型如图 8-17 ～图 8-19 所示。

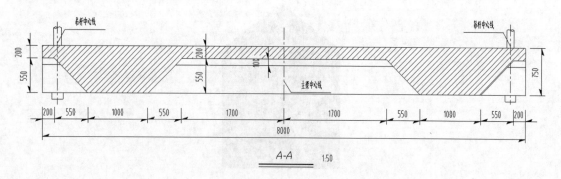

图 8-14　*A-A* 段箱梁尺寸图

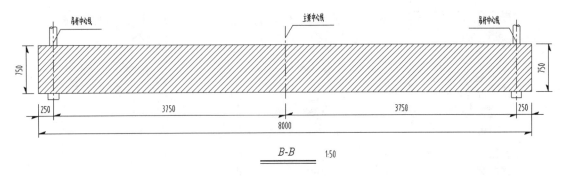

图 8-15　B-B 段箱梁尺寸图

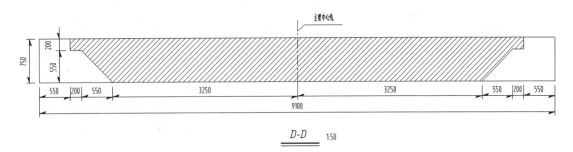

图 8-16　D-D 段箱梁尺寸图

图 8-17　A-A 段箱梁模型

图 8-18　B-B 段箱梁模型

图 8-19　D-D 段箱梁模型

8.4.2　创建主梁模型

打开项目文件，切换至立面视图，创建主梁标高。切换至标高平面，根据控制点标高参数（表 8-1）依次放置各段梁。在属性面板中，修改起点和终点标高，如图 8-20～图 8-22 所示。

表 8-1　控制点标高参数

控制点	H0	H1	H2	H3	H+	H4	H5	H6	H7	H8	H9	H10
里程桩号	K1+000	K1+010	K1+015	K1+020	K1+025	K1+030	K1+035	K1+040	K1+045	K1+050	K1+055	K1+060
主梁立模标高/m	8.550	9.104	9.341	9.553	9.738	9.895	10.025	10.128	10.207	10.262	10.295	10.306
主梁成桥标高/m	8.550	9.100	9.338	9.550	9.738	9.900	10.038	10.150	10.238	10.300	10.338	10.350

图 8-20　*A-A* 截面梁属性面板　　图 8-21　*B-B* 截面梁属性面板　　图 8-22　*D-D* 截面梁属性面板

　　绘制半幅桥梁，采用"对称"命令完成整个主梁的建模，如图 8-23 所示。根据本工程图纸对整体主梁模型进行检查校对。

图 8-23　主梁模型

8.5　创建桥梁构件

8.5.1　创建索夹模型

　　使用族公制常规模型，采用"拉伸"命令绘制索夹底部结构，使用空心拉伸对主体进行剪切和钻孔，相关尺寸如图 8-24 所示，索夹模型如图 8-25 所示。

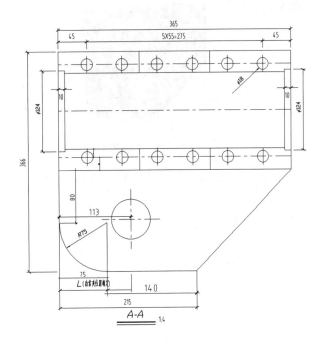

A-A　1:4

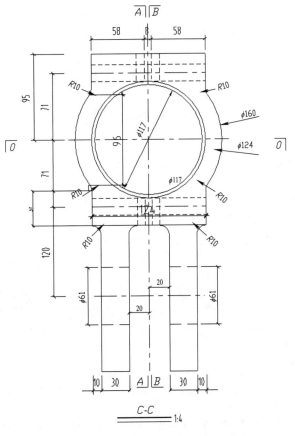

C-C　1:4

图 8-24　索夹尺寸图

图 8-25　索夹模型

完成索夹的建模后，绘制配套的索夹柱销螺母，相关尺寸如图 8-26 所示。

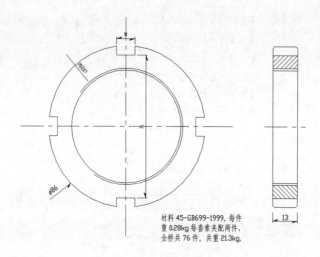

材料 45-GB699-1999，每件重 0.28kg 每套索夹配两件，全桥共 76 件，共重 21.3kg。

图 8-26　索夹柱销螺母尺寸图

8.5.2　创建吊杆模型

创建吊杆底部锚固装置：使用公制常规模型族样板新建吊杆族。进入前立面视图，使用"旋转"命令分别创建保护罩、锚杯、螺母、矫正装置、垫板、延长筒及密封装置（吊杆长度参数 L、$L1$、$L2$、$L3$ 设置为实例参数），如图 8-27 所示。

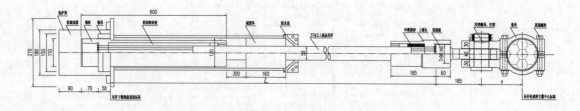

图 8-27　吊杆尺寸图

采用基于面的常规公制模型，创建参照平面，对吊杆长度添加标签并创建参数。使用"拉伸"命令分别创建锚板、减震器、吊杆以及上锚头，如图 8-28 所示。

在吊杆与减震器连接处，采用"融合"命令，绘制防水盖；采用"旋转"和"对称"命令，绘制锚板上部螺母。

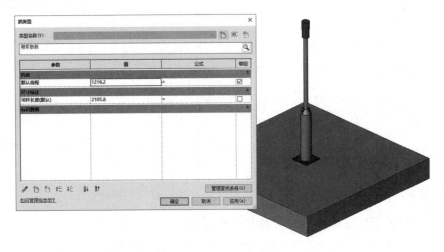

图 8-28　吊杆参数修改

创建吊杆顶部锚固装置：为了约束上部锚固装置，创建一个参照平面，此参照平面与参照标高之间添加参数 L，以此参照平面为起始点向下使用"旋转"命令分别创建保护罩、锚杯、螺母、矫正装置、垫板、延长筒及密封装置，各参数见表 8-2，如图 8-29、图 8-30所示。

表 8-2　索夹坐标及倾角

编　号	X	Y	倾角（°）	型　号
1	-50	11.432	24.2087	索夹二
2	-45	13.882	28.0936	索夹一
3	-40	16.742	31.9633	索夹一
4	-30	17.650	-22.2097	索夹二
5	-25	15.629	-20.1887	索夹二
6	-20	13.977	-16.3928	索夹三
7	-15	12.691	-12.4427	索夹三
8	-10	11.772	-8.3298	索夹四
9	-5	11.221	-5.9839	索夹四
10	0	11.038	0	索夹五
11	5	11.221	5.9839	索夹四
12	10	11.772	8.3298	索夹四
13	15	12.691	12.4427	索夹三
14	20	13.977	16.3928	索夹三
15	25	15.629	20.1887	索夹二
16	30	17.650	22.2097	索夹二
17	40	16.742	-31.9633	索夹一
18	45	13.882	-28.0936	索夹一
19	50	11.432	-24.2087	索夹二

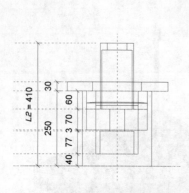

图 8-29　吊杆底部锚固

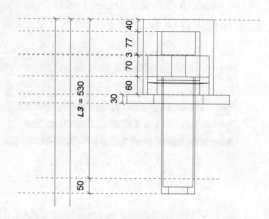

图 8-30　吊杆顶部锚固

　　创建减震器装置：在 L 中间位置添加一个参照平面，并对此平面与顶部平面、参照标高之间添加尺寸标注使其等分，以此参照平面为基础创建减震器装置，如图 8-31 所示。

　　创建钢导管和缆索：进入参照标高楼层平面视图，使用"拉伸"命令创建钢导管及缆索，钢导管型号为 $\phi168\times6mm$，缆索为 $\phi65mm$，并使用参数化参照平面进行拉伸端点约束，完成后进行材质的关联。吊杆的最终模型如图 8-32 所示。

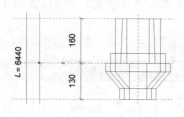

图 8-31　减震器装置

图 8-32　吊杆

8.6　项目拼装

8.6.1　桥台、桥面板的放置及调整

　　项目定位：使用建筑项目样板新建悬索桥项目，进入场地视图楼层平面，创建项目定位体系，中心参照平面为主梁中心线，左右两侧为桥台桩基中线。将主梁中心放置于定位中心处，切换至主梁标高平面视图，如图 8-33 所示。

图 8-33　放置桥面板

　　桩承台的放置：载入桩承台族，在桩承台标高视图放置并调整标高，偏移使之位于主梁对应点处，如图 8-34、图 8-35 所示。

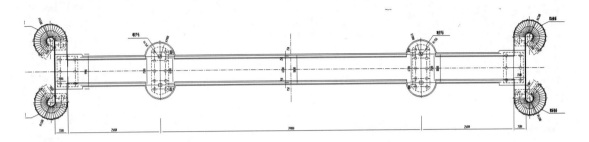

图 8-34　桩承台平面位置

图 8-35　放置桩承台

索塔的放置：载入索塔族，使用"柱"命令，并放置在桥梁预留处。使用"旋转"和"对齐"命令，保持索塔竖直。载入索塔承台，放置于索塔底部，并与索塔中心对齐，如图 8-36、图 8-37 所示。

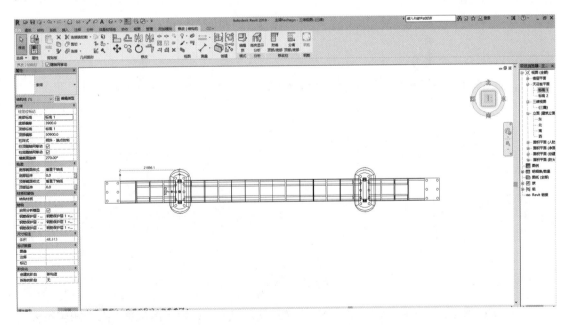

图 8-36　索塔和承台平面位置

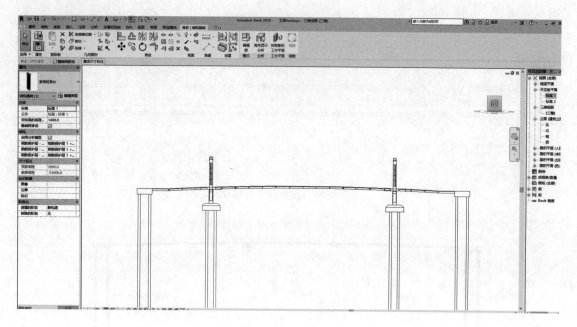

图 8-37　放置索塔和承台

切换至立面，调整承台高度，桥梁主体部分放置完成。

8.6.2　吊杆的放置及调整

吊杆定位：在场地楼层平面视图中，创建参照平面定位吊杆，载入吊杆族并将其放置在交点处，如图 8-38 所示。

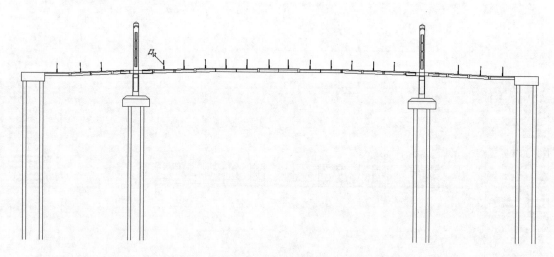

图 8-38　放置吊杆

录入吊杆参数：在三维视图中，吊杆 L、$L1$、$L2$、$L3$ 参数为实例参数，选中相应吊杆，输入吊杆长度参数，吊杆长度见表 8-3，修改吊杆长度如图 8-39 所示。

表 8-3　吊杆长度

项目 \ 编号	吊杆 1	吊杆 2	吊杆 3	吊杆 4	吊杆 5	吊杆 6	吊杆 7	吊杆 8	吊杆 9	吊杆 10
成桥主缆中心标高 /m	11.432	13.882	16.742	17.650	15.629	13.977	12.691	11.772	11.221	11.038
a（°）	0.209	0.217	0.225	0.206	0.204	0.199	0.196	0.193	0.192	0.191
吊杆几何长度 L/m	2.688	4.892	7.532	8.109	5.952	4.193	2.822	1.844	1.256	1.062

项目 \ 编号	吊杆 11	吊杆 12	吊杆 13	吊杆 14	吊杆 15	吊杆 16	吊杆 17	吊杆 18	吊杆 19	
成桥主缆中心标高 /m	11.221	11.772	12.691	13.977	15.629	17.650	16.742	13.882	11.432	
a（°）	0.192	0.193	0.196	0.199	0.204	0.206	0.225	0.217	0.209	
吊杆几何长度 L/m	1.256	1.844	2.822	4.193	5.952	8.109	7.532	4.892	2.688	

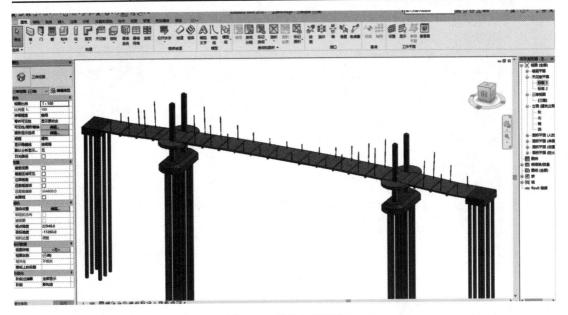

图 8-39　修改吊杆长度

根据所给的索夹角度载入索夹族，放置于吊杆顶部预留处。通过旋转命令放置索夹。索夹坐标及倾角见表 8-2。

放置吊杆：切换至平面视图，吊杆建立的模型为基于面的模型，按照底图显示间距放置吊杆，通过选项卡中的旋转命令保证吊杆垂直。

在吊杆顶部放置索夹，切换至立面视图，应用旋转命令，按照索夹角度逐一旋转索夹，目的在于确定斜拉索角度，如图 8-40 所示。

图 8-40　索夹

8.6.3 拉索的放置及调整

拉索定位：拉索以样条曲线形式穿过索夹，索夹角度已固定，采用内建模型，使用"放样"命令，以每个索夹为连接点绘制样条曲线，以该样条曲线作为放样路径。两个索夹之间的拉索均用直线相连。

创建拉索：采用自适应公制常规模型，如图 8-41 所示，采用绘制点图元，在任意位置绘制两个定位点。使用"样条曲线"命令，连接两个点图元，并使之自适应。分别在两个点位处设置工作平面。在工作平面上绘制拉索轮廓，并选中两个轮廓，点击"创建形状"，如图 8-42 所示。

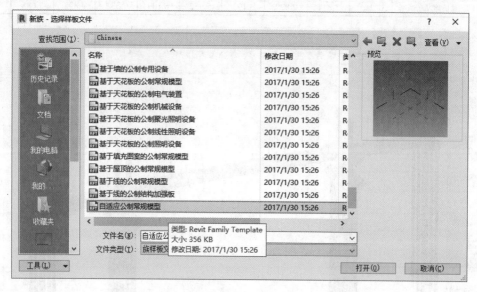

图 8-41　内建模型

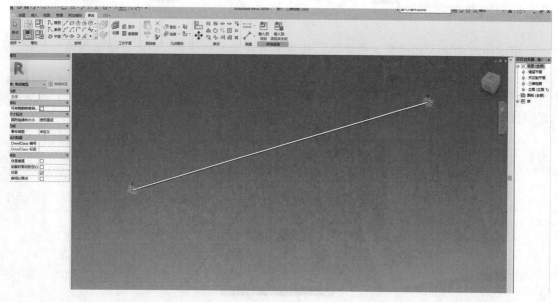

图 8-42　拉索轮廓

将自适应族载入到项目中，并依次放置于两个索夹之间。

使用"对称"命令，在拉索依次放置完成后，拾取桥中心线为对称轴进行左右对称，即完成左右幅拉索和吊杆的放置，如图 8-43 所示。

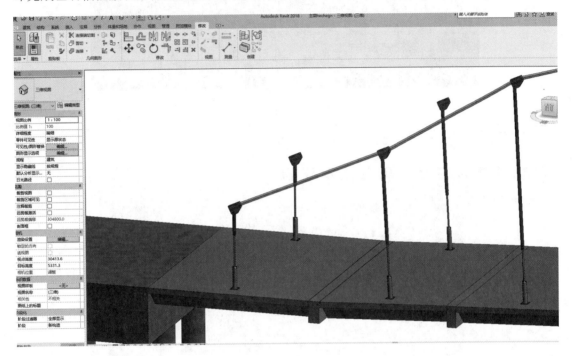

图 8-43　拉索模型

8.6.4　创建桥面铺装及行车线

创建桥面铺装：使用内建模型创建桥面铺装，其厚度为 80mm，采用"拉伸"命令覆盖于箱梁表面，局部进行微调，使之与桥面贴合，如图 8-44 所示。

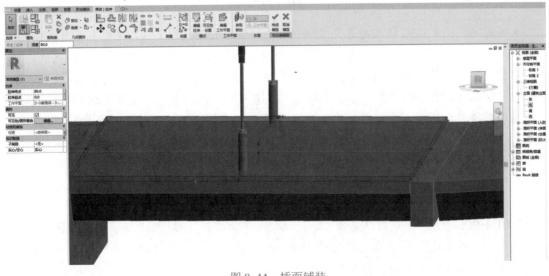

图 8-44　桥面铺装

创建行车标线：创建基于桥面的标线族，载入项目并放置在桥面上，如图 8-45 所示。

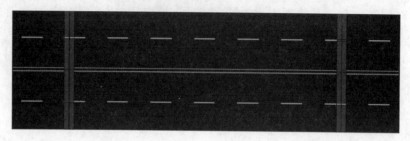

图 8-45 行车标线

关联材质：完成模型后进行材质关联。

梦想从学习开始，事业从实践起步

洞庭湖大桥

洞庭湖大桥是 G56 杭瑞高速公路临湘至岳阳段的关键控制工程，主桥布置为（1480+453.6）m 双塔双跨钢桁梁悬索桥。该桥施工具有环境复杂、各专业平行施工、线性控制及索鞍定位的精度要求很高、节点深化及大型异型构件的信息化管理难度大、关键工序及均衡分配资源的成本管控很复杂等难点。项目组采用 BIM 技术对该项目进行深化设计，预先检查错漏和碰缺；在此基础上对施工方案进行模拟，实现了施工交底的可视化；之后进行虚拟进度和实际进度的对比，实现了工期可视化；同时，进行工程量统计，动态化、合理化配置资源，实现了精细化物料管理。BIM 技术将数据、模型和智能管理融入项目全过程中，尤其对于悬索桥这种体量大、异型结构较多、设计和施工都很复杂的建筑物，其价值的体现是不可估量的。

BIM 技术作为一种新技术，催生了传统的"工业工匠"向"绿色工匠""智能工匠"的转变；作为改造和提升传统交通建筑业的一个突破口，是产业转型升级、实施以信息化带动工业化战略的一条快速路。

小　结

本章学习悬索桥基本构造，将悬索桥项目分解，应用 BIM 各种命令创建楼梯桩承台、索塔、不同截面箱梁、索夹、吊杆等构件并进行拼装，使之成为一座完整的悬索桥，通过学习应学会使用参数化方法建模，掌握建模原理。

习　题

1. 以下选项中（　　）不属于参数化建模的特点。
    A. 图形由坐标确定，这些坐标可以通过若干参数来确定
    B. 用专业知识和规则来确定几何参数和约束的建模方法
    C. 参数化对象是有专业性或行业性的
    D. 在 CAD 系统基础上开发对于特殊工程项目的参数化自动设计应用程序

2. Revit 中针对模型视图可以设置不同的视觉样式，不包括（　　）。
    A. 线框　　　　　　B. 着色　　　　　　C. 真实　　　　　　D. 虚拟

3. 在 Revit 的拉伸命令中，将草图线与参照平面进行锁定的命令是（　　）。
    A. 对齐　　　　　　　　　　　　　B. 偏移
    C. 修剪 / 延伸为角　　　　　　　　D. 镜像

4. 在 Revit 项目中（　　）调用常规模型族。
    A. 使用"内建模型"命令　　　　　　B. 使用"放置构件"命令
    C. 使用"结构基础"命令　　　　　　D. 使用"结构柱"命令

5. （　　）可为阵列组添加一个"阵列数"参数，使阵列的个数可调。
    A. 在阵列组数量标注上点击右键，在"编辑标签"中选择"阵列数"
    B. 选择阵列组，在其状态栏中给项目数添加"阵列数"参数
    C. 在"族类型"对话框中给阵列数的个体添加"阵列数"参数
    D. 不能给阵列数添加参数

6. 对象样式中的注释对象（　　）属性可做修改。
    A. 线宽　　　　　　B. 线型　　　　　　C. 线颜色　　　　　　D. 以上都可以

7. 选用预先做好的体量族，以下正确的是（　　）。
    A. 使用"创建体量"命令　　　　　　B. 使用"放置体量"命令
    C. 使用"构件"命令　　　　　　　　D. 使用"导入 / 链接"命令

8. "实心拉伸"命令的用法，正确的是（　　）。
    A. 轮廓可沿弧线路径拉伸
    B. 轮廓可沿单段直线路径拉伸
    C. 轮廓可以是不封闭的线段
    D. 轮廓按给定的深度值作拉伸，不能选择路径

9. 以下说法有误的是（　　）。
    A. 可以在平面视图中移动、复制、阵列、镜像、对齐模型

B. 可以在立面视图中移动、复制、阵列、镜像、对齐模型

C. 不可以在剖面视图中移动、复制、阵列、镜像、对齐模型

D. 可以在三维视图中移动、复制、阵列、镜像、对齐模型

10. 关于图元属性与类型属性的描述，错误的是（　　）。

A. 修改项目中某个构件的图元属性只会改变该构件的外观和状态

B. 修改项目中某个构件的类型属性只会改变该构件的外观和状态

C. 修改项目中某个构件的类型属性会改变项目中所有该类型构件的状态

D. 窗的尺寸标注一般是它的类型属性，而楼板的标高是实例属性

11. 下列（　　）不属于体量族和内建体量具有的实例参数。

A. 总楼层面积　　　B. 总体积　　　　　C. 总表面积　　　　D. 底面积

12. 在项目浏览器中选择了多个视图并单击鼠标右键，则可以同时对所有所选视图进行（　　）操作。

A. 应用视图样板　　　　　　　　　B. 删除

C. 修改视图属性　　　　　　　　　D. 以上皆可

13. 关于连接项目中的体量实例，以下描述正确的是（　　）。

A. 在连接体量形式时，会调整这些形式的总体积值和总楼层面积值以消除重叠

B. 如果移动连接的体量形式，则这些形式的属性将被更新

C. 可以使用"取消连接几何图形"命令取消它们的连接

D. 以上皆可

14. 不属于"修剪/延伸"命令中的选项的是（　　）。

A. 修剪或延伸为角　　　　　　　　B. 修剪或延伸为线

C. 修剪或延伸一个图元　　　　　　D. 修剪或延伸多个图元

15. Revit 中族的层级不包括（　　）。

A. 内建族　　　　B. 族类别　　　　　C. 族类型　　　　　D. 族实例

16. Revit 中用作视图或绘制图元起始位置的虚拟二维表面叫作（　　）。

A. 参照平面　　　B. 工作平面　　　　C. 起始平面　　　　D. 几何平面

17. 下列（　　）视图应被用于编辑图元的立面外形。

A. 表格

B. 图纸视图

C. 3D 视图或是视平面平行于墙面的视图

D. 楼层平面视图

18. （　　）可将临时尺寸标注更改为永久尺寸标注。

A. 单击尺寸标注附近的尺寸标注符号

B. 双击临时尺寸符号

C. 锁定

D. 无法互相更改

参 考 文 献

[1] 龚静敏. 桥梁 BIM 建模基础教程 [M]. 北京：化学工业出版社，2018.

[2] 朱溢镕，焦明明. BIM 建模基础与应用 [M]. 北京：化学工业出版社，2017.

[3] 韩厚正. BIM 应用于桥梁设计的研究和实践 [J]. 特种结构，2016（2）：117-120.

[4] 曹旭光，杨伟名. BIM 技术在桥梁工程设计与施工中的应用研究 [J]. 四川水泥，2016（4）：85-85.

[5] 张海华，刘宏刚，甘一鸣. 基于 BIM 技术的桥梁可视化施工应用研究 [J]. 公路，2016（9）：155-161.

[6] 李红学，郭红领，高岩，等. 基于 BIM 的桥梁工程设计与施工优化研究 [J]. 工程管理学报，2012（6）：48-52.

[7] 王凤琳，冯浩，王健，等. BIM 在桥梁施工中的应用分析与探讨 [J]. 公路交通科技（应用技术版），2015（10）：183-185.

[8] 赵灵敏，岳广飞. 山东省文化中心项目 BIM 应用实践 [J]. 土木建筑工程信息技术，2011（4）：51-57.

[9] 沈海华，王银辉. 基于 BIM 的桥梁养护管理应用初探 [J]. 公路与汽运，2016（4）：280-283.

[10] 周红波，汪再军. BIM 技术在既有桥梁运维管理中的应用 [J]. 建筑经济，2016（12）：45-48.